Hermann Reichold (Hg.)

Dienstgemeinschaft im 21. Jahrhundert

Tübinger Beiträge zum kirchlichen Arbeitsrecht

herausgegeben von

Prof. Dr. Hermann Reichold
(Universität Tübingen)

Band 6

LIT

Hermann Reichold (Hg.)

Dienstgemeinschaft im 21. Jahrhundert

Christliche Unternehmenskultur
auf dem Prüfstand

LIT

Gedruckt auf alterungsbeständigem Werkdruckpapier entsprechend
ANSI Z3948 DIN ISO 9706

Bibliografische Information der Deutschen Nationalbibliothek
Die Deutsche Nationalbibliothek verzeichnet diese Publikation in der
Deutschen Nationalbibliografie; detaillierte bibliografische Daten sind
im Internet über http://dnb.d-nb.de abrufbar.

ISBN 978-3-643-13724-1 (brosch.)
ISBN 978-3-643-33724-5 (PDF)

© LIT VERLAG Dr. W. Hopf Berlin 2017
  Verlagskontakt:
  Fresnostr. 2   D-48159 Münster
  Tel. +49 (0) 2 51-62 03 20
  E-Mail: lit@lit-verlag.de   http://www.lit-verlag.de

  Auslieferung:
  Deutschland: LIT Verlag, Fresnostr. 2, D-48159 Münster
  Tel. +49 (0) 2 51-620 32 22, E-Mail: vertrieb@lit-verlag.de
  E-Books sind erhältlich unter www.litwebshop.de

Vorwort

Was die Dienstgemeinschaft im 21. Jahrhundert kennzeichnet und welche Zukunft ihr beschieden sein wird, war das Thema des 5. Symposions der Forschungsstelle für kirchliches Arbeitsrecht der Universität Tübingen im Oktober 2016. Es sollte weniger um „harte" rechtliche Fragen als um die „weichen" Faktoren guter Führung und Arbeit in Caritas und Diakonie gehen, die eine perspektivreiche Verfolgung des kirchlichen Auftrags im säkularen und wettbewerbsintensiven Umfeld des sozialen Sektors versprechen könnten.

Caritas und Diakonie nehmen ihre Aufgaben in der Welt und damit unter den Bedingungen eines vorrangig nach den Gesetzen des Marktes und des Wettbewerbs organisierten Sozialsystems wahr. Sie versichern sich ihres Propriums deshalb auch in Abgrenzung zu und gegenüber den gewerblichen Anbietern im Bereich der sozialen Dienstleistungen. Prof. *Michael Droege* (Universität Tübingen) untersucht daher in seinem Beitrag die Zukunfts- und Strategiediskussionen, wie sie in Diakonie und Caritas in den letzten Jahren geführt wurden, und konfrontiert diese mit den Anforderungen des Religionsverfassungsrechts, die einerseits beschränkende, andererseits auch bereichernde Wirkung haben können. Denn Gewinnmaximierung ist kein Kennzeichen tätiger Nächstenliebe, auch nicht unter den Bedingungen des wettbewerblichen Sozialmarktes. Der Fokus von *Droege* wandert danach weiter zur traditionellen Gemeinwohlorientierung von Caritas und Diakonie und ihrer Ausgestaltung im steuerlichen Gemeinnützigkeitsrecht, das sich auch europarechtlichen Herausforderungen stellen muss.

Im zweiten Beitrag stellt Dr. *Robert Bachert* (Diakonie Württemberg) den „Diakonischen Kodex" vor, der die Leitungs- und Aufsichtsaufgaben in diakonischen Einrichtungen und Diensten in regelhafte Bahnen lenken soll. Mit seiner Hilfe sollen die Unternehmen der Diakonie das Zusammenspiel zwischen Christlichkeit, Wirtschaftlichkeit und Fachlichkeit besser gestalten. *Bachert* referiert aus der Praxis für die Praxis und präsentiert erste Lernprozesse im typischen Umgang mit Schwachstellen diakonischer Führung, insbesondere in kleineren Einrichtungen. Hier muss häufig im Spagat zwischen betriebswirtschaftlichen Notwendigkeiten und fürsorglichen Erwägungen ein Weg aus der Unternehmenskrise gefunden werden. Oder wissenschaftlicher: „Auf Grund einer Informationsasymmetrie treten verschiedene so genannte Agency-

Probleme auf" (*Bachert*). Schließlich wird der Führungskräfte-Kodex der Diakonie im Einzelnen vorgestellt und erläutert.

Im dritten Beitrag formuliert der Sprecher der Dienstnehmerseite in der Caritas Zentral-KODA, Thomas Schwendele (Schwäbisch Gmünd), prononciert seine Schwierigkeiten, Anspruch und Wirklichkeit bei der Beteiligung von Dienstnehmervertretern in Führungs- und Aufsichtsgremien katholischer Einrichtungen zusammen zu bringen. Die Schwierigkeiten bei der anstehenden MAVO-Novellierung, auch Aufsichtsräte in größeren Caritas-Einrichtungen durch die gesetzliche Beteiligung von Mitarbeitervertretern in eine kirchliche Mitbestimmungskultur überzuleiten, seien bezeichnend genug. Freilich ergäben sich Anzeichen für eine neue Loyalitätsdiskussion in den Gremien der Bischofskonferenz, der es mehr um die Loyalität zur gemeinsamen tätigen Caritas gehe als um das Bezeugen einer konfessionell gebundenen persönlichen Frömmigkeit.

Der letzte Beitrag von Rechtsanwalt Dr. *Michael Rein* (CMS Stuttgart) ist schließlich dem eher juristisch-technischen Thema der Umsetzung von sog. „Ethik-Richtlinien" in den Pflichtenkanon des Einzelarbeitsverhältnisses gewidmet. Hierzu werden Fragen des Umfangs von Weisungsrechten, der Implementierung solcher Regeln kraft Arbeitsvertrags und des Stellenwerts betrieblicher Mitbestimmung aufgeworfen. Die Diskussion dieses anregenden Beitrags war besonders der Grundfrage geschuldet, ob es möglich und sinnvoll ist, besondere Loyalitätsverpflichtungen über das „übliche Maß" hinaus in kirchlichen Arbeitsverhältnissen kraft eines solchen „Einrichtungs-Kodex" vorzusehen und damit möglicherweise kontraproduktive Effekte auszulösen.

Tübingen, im Mai 2017   Hermann Reichold

Inhaltsverzeichnis

Vorwort 5

Inhaltsverzeichnis 7

Impulsreferate 9

Die Kultur des Altruismus – rechtliche Determinanten
christlicher Unternehmenskultur in Diakonie und Caritas
Professor Dr. Michael Droege 9

Corporate Governance (Kodex) als Teil eines werteorientierten Managements
Dr. Robert Bachert 28

Zum Stellenwert von *corporate governance* für die Mitarbeitervertretung
Thomas Schwendele 51

Loyalität und christliche Bindung in kirchlichen Arbeitsverhältnissen
Dr. Michael Rein 58

Diskussionsbeiträge -
Tabea Kulschewski und Samuel Kupffer 100

Anhang 133

Corporate Governance Kodex für die Diakonie in Württemberg in der Fassung vom 10. November 2010 133

Grundsatzpapier – Der Corporate Governance Kodex 142

Autorenverzeichnis 157

Die Kultur des Altruismus – Rechtliche Determinanten christlicher Unternehmenskultur in Diakonie und Caritas

Michael Droege

Gliederung

I. Auf der Suche nach Determinanten christlicher Unternehmenskultur im 21. Jahrhundert – Diakonie und Caritas 2020

II. Das Leitbild der Dienstgemeinschaft und seine religionsverfassungsrechtlichen Rahmenbedingungen

III. Steuerliche Gemeinnützigkeit und die Gemeinwohlorientierung von Caritas und Diakonie im Wettbewerb

IV. Perspektiven der Diakonie und Caritas und die Grenzen des Wachstums

I. Auf der Suche nach Determinanten christlicher Unternehmenskultur im 21. Jahrhundert – Diakonie und Caritas 2020

Wer die christliche Unternehmenskultur im 21. Jahrhundert auf den Prüfstand stellen will und hierzu Caritas und Diakonie in den Blick nimmt, sollte schnell eindeutige Elemente christlicher Unternehmenskultur[1] identifizieren können: Caritas und Diakonie beschreiben nach konfessionell insoweit übereinstimmenden Selbstverständnis[2] der evangelischen und katholischen Kirchen eine Grundfunktion der Kirche.[3] Neben der Verkündung des Evangeliums und den Vollzug der Sakramente tritt der Auftrag, die Liebe Gottes zur Welt in Wort und Tat als Liebe zum Nächsten zu bezeugen. An diesem Auftrag der Kirche in der Welt haben Diakonie und Caritas notwendig teil.[4] Caritative und diakonische Einrichtungen und ihre Verbände nehmen ihre Aufgaben in der Welt und damit unter den Bedingungen eines vorrangig nach den Gesetzen des Marktes und des Wettbewerbs organisierten Sozialsystems wahr. Caritas und Diakonie versichern sich ihres Propriums des-

---

[1] Siehe zur Unternehmenskultur etwa: *Hofmann*, Diakonische Unternehmenskultur, 2010; *Reber*, Spiritualität in sozialen Unternehmen, Stuttgart 2009; *ders.*, „Meister, wo wohnst Du?" – Aspekte einer christlichen Unternehmenskultur, in: Schoenauer, Spiritualität und innovative Unternehmensführung, Stuttgart 2011, S. 470 ff.; *Moos*, ZevKR 2013, 253 (273 f.).

[2] Vgl. *Schmitz-Elsen*, Die karitativen Werke und Einrichtungen im Bereich der katholischen Kirche sowie *v. Tiling*, Die karitativen Werke und Einrichtungen im Bereich der evangelischen Kirche, in: Listl/Pirson (Hrsg.), HdbStKirchR, Band II, 2. Aufl., 1995, § 61, S. 794 und § 62, S. 809 ff.

[3] *Hense*, Kirche – Caritas – Sozialstaat, in: Dal Toso/Schallenberg, Der Mensch im Mittelpunkt, Paderborn, 2016, S. 41 ff.; *Lehmann*, in: Kasper (Hrsg.), Die Heilssendung der Kirche in der Gegenwart, Konferenz der deutschsprachigen Pastoraltheologen, Pastorale. Handreichung für den pastoralen Dienst, Mainz 1970, S. 69 ff.; *Isensee*, Die karikative Betätigung der Kirchen und der Verfassungsstaat, in: Listl/Pirson (Hrsg.), HdbStKirchR, Band II, 2. Aufl., 1995, § 59, S. 665.

[4] *Isensee*, (Fn. 3), S. 666; *Papst Benedikt XVI*, Enzyklika DEUS CARITAS EST, Verlautbarung des Apostolischen Stuhls Nr. 171, Sekretariat der Deutschen Bischofskonferenz (Hrsg.), Bonn 2006, S. 33 f.

halb auch in Abgrenzung zu und gegenüber gewerblichen Leistungserbringern. Markenzeichen eines diakonischen Profils[5] finden sich etwa im Diakonischen Corporate Governance Kodex[6], den Leitlinien für unternehmerisches Handeln der Caritas[7] und den Rahmenbedingungen einer christlichen Unternehmenskultur in Caritas und Diakonie, auf die sich Diakonisches Werk und Caritasverband im Jahr 2011 verständigt haben.[8] Als Wesens- und Lebensäußerung der Kirche verbleibt christliche Unternehmenskultur nicht nur in einem diffusen Feld organisationssoziologischer Forschung,[9] sondern kondensiert im Arbeits- und vor allem im Verfassungsrecht caritativer und diakonischer Einrichtungen und Werke. Die Wahrnehmung des diakonischen Auftrages in gemeinsamer Verantwortung der Dienstnehmer und Dienstgeber konturiert vor allem in und mit der Dienstgemeinschaft ein wesentliches Kennzeichen des kirchlichen Arbeitsrechts. Christliche Unternehmenskultur ist so für Caritas und Diakonie nicht nur eine Frage der steten Selbstvergewisserung und Rechtfertigung des eigenen Tuns in der Welt am Maßstab des kirchlichen Auftrages, sondern ist auch eine Anfrage an das Recht.

Weil sich die Bedingungen, unter denen Diakonie und Caritas ein Stück des Auftrages der Kirche in der Welt wahrnehmen, stets wandeln, sind auch die Konkretisierungen des diakonischen Profils christlicher Unternehmenskultur dem Wandel unterworfen. Was Caritas und Diakonie in Zukunft sein können und sein wollen, ist so Gegenstand einer intensiven Zukunfts- und Strategiediskussion, die in Diakonie und Caritas

---

[5] Siehe auch Charakteristika einer diakonischen Kultur, Diakonie Texte 1.2008; *Sander*, Arbeitgeber Kirche und Diakonie, in: Eurich/Schweizer (Hrsg.), DWI Jahrbuch 2014/2015, S. 59 f.
[6] Diakonischer Corporate Governance Kodex, Stand: Oktober 2010.
[7] Leitlinien für unternehmerisches Handeln, neue caritas, 20.2008, S. 31-39.
[8] Rahmenbedingungen einer christlichen Unternehmenskultur in Caritas und Diakonie, Diakonie Bundesverband und Deutscher Caritasverband, 2011.
[9] Vgl. *Hofmann*, Diakonische Identität in Diversität?! Aktuelle Herausforderungen an kultursensibles Diakoniemanagement, Antrittsvorlesung Assapheum Bethel, 4.7.2014, S. 4-9, abrufbar unter: http://www.diakoniewissenschaft-idm.de/files/antrittsvorlesung-hofmann.pdf.

in den letzten Jahren vor dem Horizont des kommenden Jahrzehnts geführt wird.[10] Die Diakonie hat den Trend zu einer zunehmend multireligiösen und säkularisierten Gesellschaft identifiziert und der Befürchtung, dass es unter dem Druck des Ökonomischen zur Entsolidarisierung zwischen Kirche und Diakonie kommen könnte, Ausdruck verliehen. Es gelte daher, Diakonie als sozialen Dienst der Kirche mit christlichem Profil herauszustellen, es gelte unter anderem eine „stärkere gemeinsame wirtschaftliche Steuerungskompetenz" herzustellen und die Mitarbeitenden hinsichtlich der Herausbildung eines christlichen Profils zu begleiten. Angesichts steigender Anforderungen an die Wahrnehmbarkeit der Diakonie gelte es, die Marke Diakonie zu stärken. Zugleich würden die Finanzierungsbedingungen sozialer Leistungen schwieriger, der Wettbewerbsdruck steige. Hier gelte es, u.a. stärker zwischen verbandlicher und unternehmerischer Arbeit zu trennen. Erwogen wird die stärkere Professionalisierung der Managementstrukturen und der diakonischen Corporate Governance Codizes. In Anbetracht der sinkenden Akzeptanz des kirchlichen Arbeitsrechts sei u.a. die Loyalitätsrichtlinie bei höherer evangelischer Profilierung zu öffnen. Die europäische Entwicklung bestimme zunehmend auch die Entwicklung des Sozialen in Deutschland, es bestehe angesichts der Initiativen europäischer Sozialpolitik die Gefahr, dass solidarische Sozialsysteme verdrängt würden, deshalb seien die Chancen und Risiken insbesondere der Social Business Initiative der Union zu prüfen.[11]

Auch die Caritas betont im Rahmen ihres Zukunftsdialogs ganz ähnliche „Wegmarken":[12] Caritas als verortete und sichtbare Kirche entwickele mit den Mitarbeitenden das Profil einer kirchlichen Einrichtung

---

[10] Wegmarken, in: Deutscher Caritasverband e. V., Zukunftsdialog 2020, Freiburg 2015; Perspektiven. Für Alle, Strategie der Diakonie Deutschland 2020, Diakonie Deutschland – Evangelischer Bundesverband Evangelisches Werk für Diakonie und Entwicklung e.V., Berlin 2015.
[11] Zum Voranstehenden siehe Zusammenfassung der Trends und Impulse für die Strategieplanung, in: Diakonie Deutschland, Perspektiven. Für Alle, Strategie der Diakonie Deutschland 2020, Berlin 2015, S. 78 ff.
[12] Deutscher Caritasverband e.V., Wegmarken, Zukunftsdialog 2020, Freiburg 2015.

und mache es sichtbar.[13] Träger und Einrichtungen entwickelten Formen einer institutionellen Spiritualität; gemeinsam mit den Mitarbeitern gelte es, die wesentlichen christlichen Prinzipien zu konkretisieren, nach denen Arbeit und Dienstgemeinschaft gestaltet werden. Die Caritas fördere bei ihren Mitarbeitenden eine Loyalität, die sich auf der Basis der Botschaft des Evangeliums am Profil der Einrichtung orientiere.[14] Hier sei ein Verständnis von Loyalität, das sich weniger auf Fragen der persönlichen Lebensführung der beruflich Beschäftigten und mehr auf die Loyalität gegenüber dem Auftrag eine Einrichtung beziehe, dienlich.[15]

Diese nur im Ansatz skizzierten Konkretisierungen eines diakonischen Profils geben Antworten auf zwei Großtrends diakonischer Arbeit: Diakonie und Caritas haben sich auf einem zunehmend europäisierten und weitgehend wettbewerblich organisierten Sozialmarkt zu behaupten. Sie stehen dabei vor der Herausforderung, ihr Profil in einer zunehmend nicht christlich geprägten Umwelt behaupten zu müssen, in der Loyalität zum diakonischen Auftrag in der persönlichen Lebensführung weniger als Ausdruck eigenen Glaubens denn als Zumutung empfunden wird. Einige Positionen aus diesem Prozess diakonischer und caritativer Selbstvergewisserung will ich zum Anknüpfungspunkt nehmen, um rechtliche Grenzen des Konkretisierungs- und Anpassungsprozesses zu beschreiben. In einem ersten Schritt soll an die religionsverfassungsrechtlichen Determinanten der Wahrnehmung des kirchlichen Auftrages in der Welt erinnert werden. In einem zweiten Schritt sollen einige Beobachtungen zur säkularen Übersetzung des diakonischen und caritativen Auftrages im Steuerrecht geschildert werden. Der Fokus wandert damit zur traditionellen Gemeinwohlorientierung von Caritas und Diakonie und ihrer Ausgestaltung im steuerlichen Gemeinnützigkeitsrecht.

---

[13] K 1, Deutscher Caritasverband e.V., Wegmarken, Zukunftsdialog 2020, Freiburg 2015.
[14] A 1, 2, Deutscher Caritasverband e.V., Wegmarken, Zukunftsdialog 2020, Freiburg 2015.
[15] A 2, Deutscher Caritasverband e.V., Wegmarken, Zukunftsdialog 2020, Freiburg 2015.

II. Das Leitbild der Dienstgemeinschaft und seine religionsverfassungsrechtlichen Rahmenbedingungen

Diakonie als tätige Nächstenliebe und Wahrnehmung des Auftrages der Kirche in der Welt ist bei der Konkretisierung ihrer christlichen Unternehmenskultur und in Ausbildung ihres diakonischen bzw. caritativen Profils an religions- und religionsverfassungsrechtliche Rahmenbedingungen gebunden.

Schon das prägende Leitbild der Dienstgemeinschaft ist so zunächst nicht binnen- und verbandsrechtlich, sondern kirchenrechtlich bestimmt.[16] Die Grundordnung des kirchlichen Dienstes[17] (GO) definiert sie als Grundprinzip des kirchlichen Dienstes, nach der alle in einer Einrichtung der katholischen Kirche Tätigen durch ihre Arbeit ohne Rücksicht auf die arbeitsrechtliche Stellung gemeinsam dazu beitragen, dass die Einrichtung ihren Teil am Sendungsauftrag der Kirche erfüllen kann. In ihrer Folge müssen alle in einer Einrichtung Tätigen ihrem Handeln zugrunde legen, dass sich Zielsetzung und Tätigkeit, Organi-

---

[16] Siehe *Kleine Vennekate*, Dienstgemeinschaft und das kirchliche Arbeitsrecht in der evangelischen Kirche in Deutschland, Berlin/Münster 2015; *Segbers*, Dienstgemeinschaft – ein theologisch belastbarer Begriff zur Beschreibung der Arbeitsbeziehungen in Kirche und Diakonie? Ein Streitgespräch – Teil 1 und *Bauer*, Dienstgemeinschaft – ein theologisch belastbarer Begriff zur Beschreibung der Arbeitsbeziehungen in Kirche und Diakonie? Ein Streitgespräch – Teil 2, in: Evangelischer Pressedienst, 2015, S. 21-24, 25-27; *Wegner*, Unternehmerische Dienstgemeinschaft?: über christliche Vision „Guter Arbeit" in Diakonie und Kirche, in: Jahrbuch Sozialer Protestantismus Band 5: Arbeitswelten, Gütersloh 2011, S. 108 - 133.

[17] Nur Art. 1 GO, Fassung vom 27.4.2015, unverändert seit 22.9.1993; allgemein zur Neuregelung der GO: *Fuhrmann*, ZAT 2015, 145 und *ders.*, ZAT 2016, 11.

sationsstruktur und Leitung der Einrichtung an der Glaubens- und Sittenlehre der katholischen Kirche auszurichten haben.[18] Der hier niedergelegte Tendenzschutz[19] trägt nicht nur die Eignungsanforderungen bei Begründung eines Arbeitsverhältnisses nach Art. 3 GO, sondern vor allem auch die in Art. 4 GO ausdifferenzierten Loyalitätsobliegenheiten der Mitarbeitenden, die im Kern die Erwartung beinhalten, dass jene die Grundsätze der katholischen Glaubens- und Sittenlehre anerkennen.[20] Verstöße gegen die gestuften Loyalitätsobliegenheiten führen zu den ihrerseits differenzierten Sanktionen des Art. 6 GO.[21] Auch die Zuordnung einer rechtlich selbstständigen Einrichtung zur Kirche innerhalb der Evangelischen Kirche und ihrer Gliedkirchen setzt nach §§ 4, 5 ZuOG-EKD voraus, dass die Einrichtung an der Erfüllung des kirchlichen Auftrages im Einklang mit den Selbstverständnis der Kirche mitwirken und kontinuierlich mit der Kirche verbunden sind. Hierbei zeigt sich die Mitwirkung am kirchlichen Auftrag insbesondere an einem entsprechenden Leitbild und vollzieht sich nach § 5 Abs. 3 ZuOG-EKD „in der Dienstgemeinschaft aller Mitarbeitenden".[22] An diese wiederum knüpfen denjenigen der Grundordnung vergleichbare Loyalitätsobliegenheiten an.[23] Der kirchliche Auftrag diakonischer Einrichtungen

---

[18] vgl. Rahmenbedingungen einer christlichen Unternehmenskultur in Caritas und Diakonie, Diakonie Bundesverband und Deutscher Caritasverband, S. 11 und Erklärung der deutschen Bischöfe zum kirchlichen Dienst, in: Grundordnung des kirchlichen Dienstes im Rahmen kirchlicher Arbeitsverhältnisse, S. 10.

[19] Dazu: *Droege*, in: Klinkhammer/Frick (Hrsg.), Religionen und Recht, Marburg 2002, S. 203-232; *Reichold*, Selbstbestimmung der Kirche oder (nur) Tendenzschutz? Europa und das deutsche kirchliche Arbeitsrecht, in: Kreß (Hrsg.), Religionsfreiheit als Leitbild, S. 105 - 118, 2004.

[20] Erklärung der deutschen Bischöfe zum kirchlichen Dienst, in: Grundordnung des kirchlichen Dienstes im Rahmen kirchlicher Arbeitsverhältnisse, S. 11.

[21] *Dreyer*, Loyalitätsanforderungen an Mitarbeitende unter veränderten gesellschaftlichen Bedingungen, ZevKR 2015, 101; *v. Notz*, Lebensführungspflichten im evangelischen Kirchenrecht, Heidelberg 2002; *Ensinger*, Betriebliche Mitbestimmung in Kirche und Diakonie, Wiesbaden 2006, S. 74-78.

[22] Siehe zur ZuordnungRL: *Christoph*, ZevKR 2009, 354; *Munsonius*, Die juristische Person des evangelischen Kirchenrechts, Tübingen 2009, S. 85 f.

[23] Siehe § 4 LoyalitätsRL.

wurde vom Kirchengesetzgeber in § 8 des Zuordnungsgesetzes ausdrücklich hervorgehoben.[24]

An diesen hier nur skizzierten Regelungen wird eine besondere Herausforderung der Profildiskussion in Caritas und Diakonie deutlich: Der Diskurs kann nicht autonom von Caritas und Diakonie geführt werden. Beide sind Kirche und nehmen am Auftrag der Kirche in der Welt teil. Soweit also Unverträglichkeiten zu den Vorgaben der Grundordnung oder des Zuordnungs-Gesetzes zu gegenwärtigen sind, sind die diakonischen Diskurse gesamtkirchlich zu führen. Das diakonische Profil steht nicht zur alleinigen Disposition von Caritas und Diakonie.

Der Diskurs über das diakonische Profil ist schließlich auch und gerade, soweit es um seine arbeitsrechtlichen Konsequenzen geht, aus religionsverfassungsrechtlichen Gründen auf Kongruenz mit dem kirchlichen Selbstverständnis zwingend angewiesen. Hierauf weist insbesondere das Bundesverfassungsgericht [BVerfG] in seiner ständigen Rechtsprechung[25] zuletzt in seiner jüngst vom Bundesarbeitsgericht mit dem Gang nach Luxemburg[26] in Frage gestellten Entscheidung zur Kündigung wegen Verstoßes gegen Loyalitätsobliegenheiten hin.[27] In den Genuss des religionsgemeinschaftlichen Selbstbestimmungsrechts kommen hiernach Einrichtungen nur dann, wenn die Organisation oder Einrichtung an der Verwirklichung des Auftrages der Kirche teilnimmt, im Einklang mit dem Bekenntnis der verfassten Kirche steht und mit ihren Amtsträgern und Organwaltern in besonderer Weise verbunden ist.[28] Der zweite Senat begründet hieraus eine Sphäre des religiösen Wirkens jenseits des Marktes: So sei es für eine Organisation oder Einrichtung unabdingbar, dass die religiöse Zielsetzung das bestimmende Element

---

[24] *Munsonius*, ZevKR 2015, 51; *Winter*, ZevKR 2014, 141 - 156; *Bälz*, KuR 2008, 35; *Glawatz-Wellert*, ZevKR 2006, 352.
[25] BVerfG v. 4.6.1985, 2 BvR 1703/83, 2 BvR 1718/83, 2 BvR 856/84, BVerfGE 70, 138, Rdn. 59 - st. Rspr. vgl. BVerfG v. 18.1.2012, 2 BvR 133/10, BVerfGE 130, 76 und BVerfG v. 22.10.2014 – 2 BvR 661/12, BVerfGE 137, 273.
[26] BAG, Beschl. v. 28.07.2016, Az. 2 AZR 746/14.
[27] BVerfG v. 22.10.2014 – 2 BvR 661/12, BVerfGE 137, 273 ff.
[28] BVerfG v. 22.10.2014 – 2 BvR 661/12, BVerfGE 137, 273, Rdn. 93.

DIE KULTUR DES ALTRUISMUS

ihrer Tätigkeit ist.[29] Ganz überwiegend der Gewinnerzielung dienende Organisationen und Einrichtungen können demgegenüber das Privileg der Selbstbestimmung nicht in Anspruch nehmen, da bei ihnen der enge Konnex zum glaubensdefinierten Selbstverständnis aufgehoben sei.[30] Dies gilt vor allem für Einrichtungen, die wie andere Wirtschaftssubjekte auch am marktwirtschaftlichen Geschehen teilnehmen und bei welchen der durch Art. 4 Abs. 1 und 2 GG geschützte religiöse Auftrag der Kirche oder Religionsgemeinschaft in der Gesamtschau der Tätigkeiten gegenüber anderen – vorwiegend gewinnorientierten – Erwägungen erkennbar in den Hintergrund tritt.[31] Gewährleistet wird vielmehr die Sicherstellung der religiösen Dimension des Wirkens im Sinne kirchlichen Selbstverständnisses.[32]

Der Senat vollzieht auf dieser Basis die religiöse Fundierung von Caritas und Diakonie nach.[33] Dass karitative Einrichtungen sich in ihrem Angebot nicht von sonstigen Leistungserbringern unterscheiden, also ihr Handeln von nämlichen fachlichen Standards geprägt ist,[34] steht der Zuordnung zum religiösen Selbstbestimmungsrecht bekanntlich nicht entgegen,[35] macht die Anknüpfung des diakonischen Profils aber anspruchsvoller. Dem spezifisch Religiösen diakonischer Tätigkeit stehe auch nicht entgenen, dass diese Ausrichtung im modernen säkularen Staat angesichts religiöser Pluralisierung und "Entkirchlichung" der Gesellschaft schwierig zu vermitteln sei, zumal nicht in allen Bereichen von Caritas und Diakonie hinreichend Christen zur Verfügung stünden, die diesen Auftrag als an die eigene Person gerichteten Heilsauftrag begreifen und umsetzen. Wenn deshalb verstärkt nichtchristliche Arbeitnehmer – auch in leitenden Positionen – in diakonischen Einrichtungen eingesetzt werden müssten, so könne dieser Situation durch

---

[29] BVerfG v. 22.10.2014 – 2 BvR 661/12, BVerfGE 137, 273, Rdn. 94.
[30] ebd.
[31] ebd.
[32] BVerfG v. 22.10.2014 – 2 BvR 661/12, BVerfGE 137, 273, Rdn. 95.
[33] BVerfG v. 22.10.2014 – 2 BvR 661/12, BVerfGE 137, 273, Rdn. 102 ff.
[34] Hierzu auch: *Isensee,* (Fn. 2), S. 671.
[35] Hierzu auch: BVerfG v. 22.10.2014 – 2 BvR 661/12, BVerfGE 137, 273, Rdn. 103 f.

„Struktur und Ausformung der christlichen Dienstgemeinschaft ausreichend Rechnung getragen" werden.[36]

Auch in der Zuordnung der konkreten Anforderungen des kirchlichen Selbstverständnisses zu konfligierenden Grundrechten der Mitarbeitenden im Rahmen des staatlichen Arbeitsrechts, in der Abwägung der Schrankenziehung des für alle geltenden Gesetzes im Sinne des Art. 137 Abs. 3 WRV bleibt das Gericht diesen Grundannahmen treu: Einerseits monopolisiert es die Formulierung des kirchlichen Propriums „allein und ausschließlich" bei den verfassten Kirchen.[37] Auch seien für die Frage, welche kirchliche Grundverpflichtungen als Gegenstand des Arbeitsverhältnisses bedeutsam sein können, allein die von der verfassten Kirche anerkannten Maßstäbe von Belang. Demgegenüber komme es auf die Auffassung der einzelnen betroffenen kirchlichen Einrichtungen nicht an.[38] Angesichts der Heterogenität der in der Caritas Mitarbeitenden nimmt die Rechtsprechung des BVerfG sowohl gestufte Loyalitätsobliegenheiten wie auch insbesondere unterschiedliche Obliegenheiten kirchenangehöriger und nicht mitgliedschaftlich gebundener Mitarbeitender hin.[39] Im Kontext der Abwägung mit den Rechten der Mitarbeitenden betont die Rechtsprechung unter dem Aspekt der Vorhersehbarkeit aber auch die Notwendigkeit, die selbstverständnisgetragenen Loyalitäts-obliegenheiten und ihre Maßstäbe hinreichend bestimmt zu vermitteln.[40]

Für die Konkretisierung ihres Profils, ihre christliche Unternehmenskultur und die Weiterentwicklung des Leitbildes der Dienstgemeinschaft in Caritas und Diakonie haben diese religionsverfassungsrechtliche Grundlagen drei wesentliche Konsequenzen: Zum Ersten gelingt gegenständlich die Zuordnung zum Bereich der eigenen Angelegenheiten der Religionsgemeinschaften nicht unter dem Primat des Ökonomischen. Gewinnmaximierung ist kein Kennzeichen tätiger Nächsten-

---

[36] BVerfG v. 22.10.2014 – 2 BvR 661/12, BVerfGE 137, 273, Rdn. 104, 105.
[37] BVerfG v. 22.10.2014 – 2 BvR 661/12, BVerfGE 137, 273, Rdn. 114.
[38] BVerfG v. 22.10.2014 – 2 BvR 661/12, BVerfGE 137, 273, Rdn. 114.
[39] BVerfG v. 22.10.2014 – 2 BvR 661/12, BVerfGE 137, 273, Rdn. 119 ff., 161 ff.
[40] BVerfG v. 22.10.2014 – 2 BvR 661/12, BVerfGE 137, 273, 122 f.

liebe, auch nicht unter den Bedingungen des wettbewerblichen Sozialmarktes. Zum Zweiten obliegt die Konkretisierung der Wahrnehmungsbedingungen des kirchlichen Auftrages den Kirchen und nicht primär den diakonischen und caritativen Einrichtungen und ihren Verbänden. Als Teil der Kirche partizipieren sie an kirchlichen Diskursen und sollten ihre Strategiedialoge insoweit hinreichend verzahnen. Zum Dritten schließlich können weder Diakonie noch Kirchen der Frage nach der Glaubwürdigkeit der Wahrnehmung ihres Auftrages bei schwindenden personalem Substrat in ihren Einrichtungen ausweichen. Die Diakoniewissenschaft und die Unternehmenskulturforschung heben einen Übergang von der Profilierung über Personen zur Profilierung über Organisationsmerkmale hervor,[41] der auch in den Positionen zur Rückführung der Loyalitätsobliegenheiten von der Lebensführung zu den konkreten Anforderungen an die jeweilige Tätigkeit anklingt. In den Fokus tritt die Realisierung eines diakonischen Profils in den organisationalen Praktiken diakonischer Einrichtungen. An die Stelle nicht mehr vorauszusetzender, geschweige denn erwartbarer religiöser Praxis des Einzelnen tritt eine Dimension der Institutionenethik. Mag man auch die Mitgliedschaft in einer christlichen Kirche für das diakonische Personal für graduell verzichtbar halten und auf die Kompensationswirkungen einer in sich differenzierenden Dienstgemeinschaft vertrauen können, so werden doch Grenzen der personalen Aushöhlung zu ziehen sein.[42] Auch die korporative Religionsfreiheit und mit ihr die Religionsgemeinschaft fußen auf der Disposition des einzelnen Grundrechtsträgers. Kirche ist notwendig ein Personenverband, diakonische Einrichtungen nehmen ihrerseits teil an diesem Wesenszug von Kirchlichkeit. Das Label der Diakonie kann die Wahrnehmung des kirchlichen Auftrages in der Welt nur glaubwürdig vermitteln, wenn sich in ihr zumindest auch das persönliche Glaubenszeugnis der für sie Handelnden offenbart.

---

[41] *Hofmann*, Grundlagen diakonischer Unternehmenskultur, in: Hofmann (Hrsg.), Diakonische Unternehmenskultur, S. 14.
[42] *Heinig/Moos* (Hrsg.), Kirchenzugehörigkeit als Voraussetzung zur Begründung und Aufrechterhaltung eines Arbeitsverhältnisses in der evangelischen Kirche, epd-Dokumentation 43, 2015.

III. Steuerliche Gemeinnützigkeit und die Gemeinwohlorientierung von Caritas und Diakonie im Wettbewerb

Die am zunehmend am Wettbewerbsprinzip ausgerichtete Ordnung des Sozialwesens und damit des diakonischen und caritativen Handlungsraumes fordert die Einrichtung von Diakonie und Caritas auch in ihrer Rolle als Träger freier Wohlfahrtspflege im Blick auf die steuerlichen Rahmenbedingungen ihrer Tätigkeit. Verbände und Einrichtungen konstituieren sich ganz überwiegend in ihren Satzungen als gemeinnützige Körperschaften und nutzen den an diesen Status anknüpfenden steuerrechtlichen Status. Durch das steuerliche Gemeinnützigkeitsrecht honoriert der freiheitliche Steuerstaat privates altruistisches Engagement für das Gemeinwohl.[43] Die Gemeinnützigkeit einer Körperschaft weist diese überdies als Kooperationspartner für den Staat aus.

Hier ist namentlich auf das Verhältnis zwischen freiheitlichem Sozialstaat und frei-„gemeinnütziger" Wohlfahrtspflege angesprochen. Grundpfeiler dieser Zusammenarbeit werden aus dem strukturellen Vorrang der Einrichtungen und Organisationen der freien Wohlfahrtspflege in der Leistungserbringung im Rahmen der Jugend- und Sozialhilfe nach § 5 SGB XII, §§ 73 ff. SGB VIII, aus dem Vorrang freigemeinnütziger Einrichtungen im Rahmen der Pflegeversicherung nach § 11 Abs. 2 SGB XI, aus der Anerkennung als Organisation für die Wahrnehmung der Interessen der Patientinnen und Patienten nach § 140 f. SGB V sowie durch die Sicherung freigemeinnütziger Krankenhausträger im Krankenhausfinanzierungsrecht nach § 1 Abs. 2 KHG gebildet. Hinzu treten das spezielle Zusammenarbeits- und Berücksichtigungsgebot des § 17 Abs. 3 SGB I und dessen spezialgesetzliche Konkretisierungen in den einzelnen Versicherungszweigen.

Die enge Verzahnung des steuerlichen Gemeinnützigkeitsrechts mit Rolle und Funktion der freien Träger im Sozialstaat ist Folge der zeitgleichen Ausprägung beider in ihren wesentlichen Strukturen zur Zeit

---

[43] Statt Vieler: *Hüttemann*, Spenden- und Gemeinnützigkeitsrecht, 3. Aufl., 2014, § 1 Rn. 8 m.w.N.

der Weimarer Republik.[44] Insoweit lässt sich *grosso modo* eine historische Parallelbewegung feststellen: Das steuerliche Gemeinnützigkeitsrecht knüpft an die Organisationsstrukturen des Sozialstaates und dessen Verbände an und konserviert diese in jüngster Vergangenheit ungeachtet sozialrechtlicher Strukturveränderungen. Prägendes Merkmal der Gemeinnützigkeit ist der Verzicht auf Eigennutz, die Handlungsmotivation aus einer Haltung des Altruismus.[45] Gerade in diesem Tatbestandsmerkmal trifft sich das steuerliche Rechtsregime mit dem diakonischen Selbstverständnis. So hat auch die christliche Nächstenliebe ihre gleichsam säkulare Übersetzung in der Gemeinnützigkeit der Wohlfahrtspflege nach Maßgabe des § 66 AO und den hierauf bezogenen Zweckbetriebstatbeständen in §§ 67, 68 AO gefunden.

Auf dem Markt der Leistungsanbieter wird der Steuervorteil der Gemeinnützigkeit einerseits als Wettbewerbsvorteil wahrgenommen und sieht sich deshalb gerade im Zuge der Europäisierung weiter Bereiche des Steuerrechts unter Druck. Andererseits sehen nicht wenige diakonische und caritative Einrichtungen ihre Gemeinnützigkeit als Wettbewerbsnachteil im Vergleich zu gewerblichen Anbietern.[46] Der Gemeinnützigkeitsstatus ist in der Tat doppelfunktional: Einerseits zielt er auf Steuerbefreiungen ab, ist also eine Begünstigung. Andererseits sind mit ihm – letztlich zur Sicherung der mit der Steuervergünstigung verfolgten Gemeinwohlzwecke – erhebliche Pflichten verbunden, die das Wettbewerbsverhalten der gemeinnützigen Akteure empfindlich begrenzen.

---

[44] Zur Ausbildung des Gemeinnützigkeitsrechts nur: *Droege*, Gemeinnützigkeit im offenen Steuerstaat, 2010, S. 37 ff. sowie zeitgenössisch: *Kraft*, Die steuerrechtliche Gemeinnützigkeit, in: Vierteljahresschrift für Steuer- und Finanzrecht 6 (1932), 315 (350 ff. m.w.Nw.).
[45] *Droege*, Gemeinnützigkeit als normatives Ordnungsmuster jenseits des Steuerrechts, Stellungnahme im Auftrag des Evangelischen Werkes für Diakonie und Entwicklung e.V., Juli 2015, S. 10, unter: https://www.diakonie.de/media/Gemeinnuetzigkeit_Stellungnahme_
Michael_Droege_Juli2015.pdf.
[46] *Köstler*, Die religionsverfassungsrechtliche Zuordnung von sozialkaritativen Einrichtungen und Diensten zur katholischen Kirche im Kontext von rechtlichen Umstrukturierungen, 2013, S. 21, 28.

Dies gilt nicht nur an den Grenzen der partiellen Steuerpflicht wirtschaftlicher Geschäftsbetriebe, dies gilt auch im Rahmen von Zweckbetrieben. Dies gilt vor allem aber in Bezug auf die engen (zeitlichen) Grenzen der Mittelverwendung. Letztere erschweren nicht nur die Kapitalakkumulation im Unternehmen durch enge Grenzen der Rücklagenbildung,[47] auch eine ökonomisch sinnvolle Strukturierung gemeinnütziger Körperschaften im Konzern wird stark eingeschränkt. Insbesondere hat der Gesetzgeber durch das Ehrenamtsstärkungsgesetz[48] das bisherige Endowment-Verbot zwar gelockert.[49] Gemeinnützige Körperschaften dürfen nunmehr auch zeitnah zu verwendende Mittel nach Maßgabe des neuen § 58 Nr. 3 AO dazu verwenden, andere gemeinnützige Körperschaften oder juristische Personen des öffentlichen Rechts mit Vermögen auszustatten. Er hat es indes nicht aufgegeben. Das Endowment ist nämlich betragsmäßig auf die Einnahmenüberschüsse aus Vermögensverwaltung, den Gewinn aus sämtlichen wirtschaftlichen Geschäftsbetrieben und 15 % der sonstigen Mittel beschränkt (§ 58 Nr. 3 S. 1 AO). Deutlichen Beschränkungen unterliegen gemeinnützige Körperschaften auch in der Mittelverwendung bei Ausgliederungsprozessen. Wie überhaupt Outsourcing und mehrstufige Organisationsverfassungen an die Grenzen der unmittelbaren Zweckverfolgung stoßen.[50]

Vor allem aber ist in den letzten Jahren eine deutlich restriktive Interpretation des für die Wohlfahrtspflege essentiellen Zweckbetriebes festzuhalten, die unter Betonung der Wettbewerbsneutralität dessen Steuerfreiheit immer weiter zurückdrängt.[51] Getragen wird diese Entwicklung vor allem von der Rechtsprechung des Bundesfinanzhofes [BFH], die ihrerseits Einflüsse des europäisierten Umsatzsteuerrechts

---

[47] vgl. § 62 AO; zudem *Koenig*, in: ders., AO, 2014, § 62, Rdn. 5.
[48] *Runte/Schütz*, DStR 2013, 1261; *Heller*, StBW 2013, 367-372; *Reuter*, npoR 2013, 41-47.
[49] *Kirchhain*, DStR 2014, 289 (290).
[50] Bspw. FG Münster v. 30.5.2011, Az. 9 K 73/09 K F; BFH v. 6.2.2013, I R 59/11, BStBl II 2013, 603; *v. Holt/Koch*, DStR 2009, 2492.
[51] *Hüttemann*, Grundprinzipien des steuerlichen Gemeinnützigkeitsrechts, DStJG 26 (2003), S. 49 (68 ff.), *Fischer*, in: HHSp, AO, § 64 Rn. 62; auch *Droege*, Das Stiftungssteuerrecht, in: Andrick/Muscheler u.a. (Hrsg.), Die Stiftung, 2014, S. 97-115; *Wallenhorst*, DStZ 2004, 711 ff.

aufnimmt. Bekanntlich hatte der BFH in seiner Entscheidung zu Rettungsdiensten als Einrichtungen der Wohlfahrtspflege anfangs formuliert,[52] dass eine Tätigkeit dann um des Erwerbs Willens und nicht einzig zum Wohle von Notleidenden und Gefährdeten ausgeübt werde, wenn diese objektiv geeignet sei, Gewinne zu erzielen, was regelmäßig dann der Fall sei, wenn gleiche Leistungen zu gleichen Bedingungen von nicht steuerbegünstigten Unternehmern in gewerblichem Rahmen erbracht werden.[53] Zu Recht versagte die Finanzverwaltung dem die Gefolgschaft.[54] Von diesem absoluten Vorrang des Marktes verabschiedete sich der BFH zwischenzeitlich. So stellt er nun nicht mehr auf die objektive Möglichkeit der Gewinnerzielung ab, sondern nimmt eine Erwerbsorientierung dann an, wenn Gewinne angestrebt werden, die den jeweiligen Finanzierungsbedarf der Einrichtung überschreiten.[55] Auch damit wird aber eine empfindliche Grenze des Agierens diakonischer Einrichtungen am Markt gezogen. Ähnliche Diskurse fanden um die Unmittelbarkeit der Leistungserbringung in den sozialrechtlich typischen Dreiecksverhältnissen statt.[56] In jüngerer Vergangenheit neigt schließlich auch die Finanzverwaltung dazu, bei Nichtwerkleistungen von Werkstätten und Integrationsprojekten den ermäßigten Steuersatz nach § 12 Abs. 2 Nr. 8a UStG in Frage zu stellen.[57] Im Wettbewerb ist danach die Gemeinnützigkeit scheinbar auf dem Rückzug.

Vor dem Hintergrund dieser Entwicklungen ist es nicht verwunderlich, wenn sich jedenfalls im Bereich der Diakonie die Strategiediskussion

---

[52] BFH v. 18.9.2007 – I R 30/06, BStBl. II 2009, 126.
[53] BFH v. 18.9.2007 – I R 30/06, BStBl. II 2009, 126; Hierzu auch: vgl. *Seer*, in: Tipke/Kruse, AO Kommentar, Loseblatt, Stand Oktober 2012 § 66 Rn. 2; *Musil*, in: HHSp, AO Kommentar, Loseblatt, Stand November 2013 § 66 Rn. 21; *Hüttemann*, Gemeinnützigkeitsrecht, § 6 Rn. 228.
[54] BMF v. 20.1.2009 – IV C 4 – S 0185/08/10001, 2009/0012162, BStBl. I 2009, 339; AEAO § 66 Nr. 6.
[55] BFH v. 27.11.2013 – I R 17/12, BStBl. II 2016, 68; mit Anmerkung *Fischer*, jurisPR-SteuerR 24/2014 Anm. 1.
[56] Deutlich restriktiv: BFH v. 16.12.2009 – I R 49/08, BStBl. II 2011, 398; BFH v. 17.2.2010 – I R 2/08, BStBl. II 2010, 1006; nunmehr wieder: BFH v. 27.11.2013 – I R 17/12, BStBl. II 2016, 68.
[57] Dazu *Schauhoff/Kirchhain*, DStR 2015, 2102 ff.

auch der steuerlichen Gemeinnützigkeit annimmt. Mit dem Sozialunternehmen scheint sich ein neues, größere Spielräume im Markt versprechendes Leitbild anzukündigen, dass den alten Zopf der Gemeinnützigkeit entbehrlich erscheinen lassen könnte. Ein Produkt der Debatte ist so das Diskussionspapier der Diakonie zum Sozialen Unternehmertum und aktuellen Tendenzen am Sozialmarkt aus dem Juni 2016.[58] Das Leitbild speist sich zum einen aus der Wahrnehmung neuer Formen der Philanthropie. Social Business und Social Entrepreneurship sind schon heute vitale sozial-analytische Vokabeln, die den Fokus eher auf kapitalextensive, dezentrale Engagements „von unten", jenseits der verbandlichen Verfassung der freien Wohlfahrtspflege lenken. Zum anderen hatte die EU-Kommission das Sozialunternehmen zum Schlüsselbegriff ihrer Social Business Initiative des Jahres 20111 erhoben, die ihrerseits in einem bunten Strauß von Sekundärrechtsakten Niederschlag gefunden hat.[59] Unter Sozialunternehmen versteht der Unionsrechtssetzer Unternehmen, „für die das soziale oder gesellschaftliche, gemeinnützige Ziel Sinn und Zweck ihrer Geschäftstätigkeit darstellt, deren Gewinne größtenteils wieder investiert werden, um dieses soziale Ziel zu erreichen und deren Organisationsstruktur oder Eigentumsverhältnisse dieses Ziel widerspiegeln, da sie auf Prinzipen der Mitbestimmung oder Mitarbeiterbeteiligung basieren oder auf soziale Gerechtigkeit ausgerichtet sind".[60] Vergleicht man diese allgemeine Begriffsbestimmung mit den relativ gefestigten Konturen des Gemeinnützigkeitsstatus wird deutlich, dass die Versöhnung des Marktes mit altruistischen Akteuren im sozialen Feld nicht wirklich gelungen ist. Schon die theoretischen Grundlagen des Social Business weisen es als Instrument zum Aufbau nicht entwickelter Sozialsysteme hin,[61] nicht verwunderlich ist deshalb auch das Auftauchen des Instruments der Mikrokredite.

---

[58] Diakonie, Soziales Unternehmertum und aktuelle Tendenzen am Sozialmarkt, Diakonie Texte, Juni 2016.
[59] Als maßgebliche Umsetzungsakte sind die VO EU über Europäische Fonds für soziales Unternehmertum in der Union („EuSEF"), VO (EU) 346/2013, ABl. L 115, 18, und die VO EU zum Programm für Beschäftigung und soziale Innovation („EaSi"), VO (EU) 1296/2013, ABl. L 347, 238, zu nennen. Zu weiteren Umsetzungsakten nur: Diakonie, Soziales Unternehmertum und aktuelle Tendenzen am Sozialmarkt, Diakonie Texte, Juni 2016, S. 14-24.
[60] EU Kommission, Mitteilung (2011) 682 endg, S. 2 f.
[61] Grundlegend: *Yunus*, Social Business. Von der Vision zur Tat, München 2010.

Vermutlich beweist das Konzept seine Leistungsfähigkeit vor allem im Aufbau und Ausbau schwach ausgeprägter Sozialstaatlichkeit und kann wahrscheinlich derzeit wenig zur normativen Strukturierung des kooperativen Sozialstaates in Deutschland beitragen. Insbesondere für das Wirken der Diakonie dürften sich die verbandlichen Strukturen allein schon wegen der religionsverfassungsrechtlich zur Wahrnehmung des eigenen Auftrages zwingenden Zuordnung zur körperschaftlich strukturierten evangelischen Kirche und ihrer Autonomie in der Ordnung und Verwaltung der eigenen Angelegenheiten nach Maßgabe des Art. 140 GG i.V.m. Art. 137 Abs. 3 WRV als beharrungskräftig erweisen. Auch auf der europäischen Ebene ist es still geworden, die Juncker-Kommission scheint hier andere Akzente zu setzen. Ein tragfähiges Substitut für das steuerliche Gemeinnützigkeitsrecht ist nicht nur im Blick auf die kompetenziellen Hürden[62] nicht in Sicht. Nicht jeder Beitrag zur Förderung des Gemeinwohls, den auch gewerbliche Unternehmen erbringen können, sondern erst die altruistische Förderung des Wohls der Allgemeinheit, das Moment des idealistischen Opfers, macht die Selbstlosigkeit zu einem selbstständigen Systemelement des Gemeinnützigkeitsrechts und trägt dessen innere Rechtfertigung.[63]

Das Positionspapier der Diakonie ist daher zu Recht gegenüber dem Modell des Sozialunternehmens zurückhaltend[64]. Zu Recht sieht es aber auch die Diakonie erst am Beginn eines Diskurses über ihr Selbstverständnis im Verhältnis zu marktwirtschaftlichen Mechanismen in der sozialen Arbeit, eines Diskurses über die Vor- und Nachteile der Gemeinnützigkeit im Wettbewerb und überhaupt über die Aufgaben und Rollen der diakonischen Akteure, der verbandlichen und der unternehmerischen Diakonie, in der Gesellschaft[65].

---

[62] Vgl. *Stewen*, EuR 2008, 445-467; *Helm/Nagler*, Europäisches Steuerrecht, 2013, S. 13 ff.
[63] Schon: *Kraft*, Die steuerrechtliche Gemeinnützigkeit, in: Vierteljahresschrift für Steuer- und Finanzrecht 6 (1932), 315 (329).
[64] Vgl. Soziales Unternehmertum im Selbstverständnis der Diakonie; in: Diakonie, Soziales Unternehmertum und aktuelle Tendenzen am Sozialmarkt, Diakonie Texte, Juni 2016, S. 6 ff.
[65] Dazu: Diakonie, Soziales Unternehmertum und aktuelle Tendenzen am Sozialmarkt, Diakonie Texte, Juni 2016, S. 48 f.

IV. Perspektiven der Diakonie und Caritas und die Grenzen des Wachstums

Die Suche nach dem Profil von Caritas und Diakonie, die Diskussion um Neugewichtungen der Dienstgemeinschaft als prägendes Element der sonst so schwer greifbaren christlichen Unternehmenskultur und damit auch die Strategiediskussion in Caritas und Diakonie in den letzten Jahren ist eingebettet in normative Rahmenbedingungen. Zu diesen zählen die religionsverfassungsrechtlichen Fundamente von Diakonie und Caritas ebenso wie die steuerrechtlichen Leitmarken der diakonischen Arbeit als Form säkularer Gemeinwohlproduktion.

Diakonie und Caritas haben sich sowohl im Wandel der religionssoziologischen Bedingungen ihrer Arbeit als auch im Wandel der Wettbewerbsbedingungen auf dem Sozialmarkt zu bewähren. Zum steuerlichen Gemeinnützigkeitsstatus der Wohlfahrtspflege gibt es auch in absehbarer Zeit keine tragfähige Alternative. Die Zuflucht in den weiten Begrifflichkeiten des Sozialunternehmens dürfte schon heute kaum erfolgversprechend sein. An die Gemeinnützigkeit anknüpfende Steuererleichterungen werden vermehrt am Maßstab der Wettbewerbsneutralität hinterfragt. Sie sind nur legitimierbar, wenn die Unterschiede gemeinnütziger Akteure zu ihren gewerblichen Konkurrenten erkennbar bleiben. Das heißt aber auch, dass die Restriktionen des Gemeinnützigkeitsrechts das Marktverhalten gemeinnütziger Anbieter legitimerweise beschränken. Auch der Zweckbetrieb ist natürlich ein unverzichtbares Mittel unternehmerischer Wohlfahrtspflege. Das Gewinnstreben um des Gewinnes willen ist aber sicher keine Wahrnehmung des Auftrages der Kirche in der Welt.

Ihrer Rolle als Auftragnehmer, als Teil der Kirche, sollten Diakonie und Caritas auch aus religionsverfassungsrechtlicher Sicht aber nicht nur in den arbeitsrechtlich geprägten Elementen ihrer Unternehmenskultur ernst nehmen. Die Weiterentwicklung der Dienstgemeinschaft ist nur ein Feld eines notwendig mit der Kirche und in der Kirche zu führenden Diskurses um ein diakonisches und damit um ein zeitgemäßes kirchliches Selbstverständnis. Ob der dem Zeitgeist entsprechende Abschied von der Zumutung von Loyalitätsobliegenheiten, die die Lebensführung von Mitarbeitenden betreffen, eine angemessene Reaktion ist, scheint mir jedenfalls zweifelhaft. Caritas und Diakonie ist immer auch individuelles Glaubenszeugnis. Diakonie und Caritas leben so von Vorfindlichkeiten, die sie selbst zwar fördern, aber nicht garantieren können. Nicht nur der Wettbewerb, sondern auch Glaube markiert für die Diakonie und Caritas notwendige Grenzen des Wachstums.

Corporate Governance (Kodex) als Teil eines werteorientierten Managements

Robert Bachert

Gliederung

I. Einleitung

II. Ebenen und Prozesse der Transformation

III. Corporate Governance Kodex: Die Tücke der Lücke

IV. Perspektiven der Corporate Governance im Non Profit Bereich

V. Corporate Governance der Nutzen für einen Mitgliederverband

VI. Drei Ebenen Konzept der Unternehmensethik

VII. Die Moral von der Geschicht(e)

VIII. Werte: einfache und komplexe Lösung

IX. Führungskräftekodex der Diakonie

X. Die Umsetzung

CORPORATE GOVERNANCE (KODEX) IN DER DIAKONIE

I. Einleitung

Corporate Governance und Diakonie sind Begriffe aus unterschiedlichen Disziplinen: Corporate Governance gehört in die Ökonomie und Diakonie in die Ethik. Damit in Verbindung stehen gegensätzliche Begriffe wie z.B. Effizienz und Gewinnmaximierung auf der einen und Menschenwürde und tatkräftige Liebe als Dienst am Menschen auf der anderen Seite.

Was hat dies alles mit einem Corporate Governance Kodex der Diakonie zu tun?

Der Diakonische Kodex regelt institutionalisiert die Funktion der Leitung und Aufsicht in diakonischen Einrichtungen und Diensten. Mit seiner Hilfe sollen die Unternehmen der Diakonie das Zusammenspiel zwischen Christlichkeit, Wirtschaftlichkeit und Fachlichkeit besser gestalten. Was dies konkret für die Leitungs- und Aufsichtspersonen bedeutet und ob ein weltlicher Corporate Governance Kodex als Grundlage der Einführung im Jahr 2005 dafür geeignet ist, sind nur zwei Fragen, die sich in diesem Zusammenhang stellen.

Das Ergebnis dieser Reflexion ist, dass ein institutionenbezogener und anreizbewährter Corporate Governance Kodex nicht ausreicht, um neben den betriebswirtschaftlichen und juristischen Aspekten auch individualethische Gesichtspunkte einer wertebasierten Führung zur Entfaltung zu bringen.

Es bedarf eines Führungskräftekodex („Code of Conduct") und weiterer individueller Anstrengungen und personenbezogenen Maßnahmen, um ein werteorientiertes Management zu entfalten.

II. Ebenen und Prozesse der Transformation

Seit Mitte der 1990er Jahre hat die sogenannte Ökonomisierung im sozialen Bereich begonnen. Am Beispiel ausgewählter Transformationsprozesse auf verschiedenen Ebenen soll verdeutlicht werden, in welchem Umfeld soziale Unternehmen agieren und welche beispielhaften Prozesse ablaufen:

Ebene	(beispielhafte) Prozesse
Systemtransformation	Säkularisierung; Infragestellung des Gemeinnützigkeitsrechts; Einschränkung/Aufhebung des bedingten Vorrangs der Freien Wohlfahrtspflege
Verbandstransformation	Fachbezogene statt weltanschauliche Vernetzungen; verbandsübergreifende Kooperationen
Trägertransformation	Entstehung von Sozialkonzernen; Pluralisierung der Anbieterstruktur; Konzentrationsprozesse; neue Rechtsformmodelle; internationaler Wettbewerb
Einrichtungs-/Dienstetransformation	Qualitätszertifizierungen; leitungsabhängige Entlohnungssysteme; verstärkte Marketingaktivitäten

Tabelle 1: Transformationsebenen und -prozesse (Eigene Darstellung[1])

Die von Schuhen in der Tabelle stichwortartig bereits 2002 benannten Entwicklungen haben sich aktuell noch intensiviert. In einzelnen sozialen Sparten und Hilfebereichen werden Dienstleistungen regelmäßig ausgeschrieben, die Einschränkung bzw. Aufhebung des bedingten Vorrangs der Freien Wohlfahrtspflege wird durch die zunehmende Privatisierung verstärkt, eine Konzentration der Anbieter durch Fusionen und Kooperationen führt zur Abnahme solitärer und kleiner Anbieter und leistungs- und ergebnisabhängige Entlohnungskomponenten haben Eingang in die Tarifsysteme gefunden. Die Diakonie ist von diesen

---

[1] nach *Schuhen*, Nonprofit Governance in der freien Wohlfahrtspflege, 2002, S. 53.

Transformationsprozessen stark betroffen und muss sich an gravierende Veränderungen anpassen.

Eine zentrale Forderung in diesem Zusammenhang besteht in der Modernisierung der kirchlichen Wohlfahrtspflege, so dass sie das Proprium ihrer Leistungserbringung unter den veränderten Rahmenbedingungen darstellen kann und nicht nur sozialwirtschaftliche, sondern wertorientierte Interessen im Vordergrund stehen.[2] Für die Leistungserbringung in der Diakonie bedeutet dies, dass sie ethisch fundiert, jedoch ökonomisch orientiert geschehen muss. Das Management hat dies in eigenverantwortlicher Leitungsaufgabe zu bewerkstelligen. Die Aufsicht diakonischer Einrichtungen muss das Management dabei überwachen, begleiten und beraten.[3]

Die Diskussion um das Proprium Diakonischer Unternehmen fragt nach den theologischen Wurzeln der Leistungserbringung („Samariter-Diakonie") angesichts der Notwendigkeit, mit diesen Leistungen Gewinne zu erwirtschaften („Wirts-Diakonie"), entsteht ein Spannungsverhältnis, welches sich in ähnlicher Art und Weise auch im Kontext der Begriffe: Ethik und Wirtschaft auftut.

III. Corporate Governance Kodex: Die Tücke der Lücke

„Der feststehende Ausdruck ‚Corporate Governance' leitet sich ab aus ‚Corporate', das man mit körperschaftlich übersetzen kann und ‚Governance', das seinen Ursprung im Lateinischen gubernare in der Bedeutung von das Steuerruder führen, lenken, leiten hat".[4] „In diesem Sinne könnte man Corporate Governance definieren als ein System [R.B.], mit dem Unternehmen geführt und kontrolliert werden. Die Kernaufgabe der Corporate Governance besteht darin, die Führung und Kontrolle so

---

[2] *Eurich*, Nächstenliebe als berechenbare Dienstleistung. Zur Situation der Diakonie zwischen Ökonomisierung, theologischem Selbstverständnis und Restrukturierung, in: Zeitschrift für Evangelische Ethik 49/1, 58 (58).
[3] vgl. *Bachert*, Corporate Governance in Nonprofit-Unternehmen, 2006, S. 451.
[4] *Solidaris*, KonTraG, TransPuG, DCGK. Auswirkungen auf die Arbeit Geschäftsführungen und Aufsichtsgremien gemeinnütziger Organisationen, 2. Auflage, 2003, S. 7.

zu gestalten, dass die langfristige Existenzsicherung der Organisation gewährleistet wird und dass es zu einem Interessenausgleich zwischen allen internen und externen Anspruchsgruppen kommt"[5].[6]

Die Geschichten von Wilhelm Busch über Max und Moritz zeigen an unterschiedlichen Stellen die so genannte „Tücke der Lücke" zwischen Aufsicht und Leitung. Max und Moritz stehen dabei für die Leitungskraft (in der Theorie der so genannte Agent) und Meister Böck für die Aufsichtspersonen (in der Theorie der Principale). In diesem Verhältnis zwischen Aufsicht und Leitung gibt es Informationslücken, die die Leitung, aber auch Mitarbeitende zu nicht kontrollierbarem Verhalten nutzen können. Meister Böck und in der Praxis den Aufsichtsräten wird dies zum Verhängnis. In der Geschichte heißt es „Und schon ist er auf der Brücke, Kracks! Die Brücke bricht in Stücke". In der Theorie der Corporate Governance sollen solche Handlungen ausgeschlossen werden. Dennoch kommen sie immer wieder vor, weil die Anreize, die dies verhindern sollen, nicht richtig wirken.

Auf Grund einer Informationsasymmetrie treten verschiedene so genannte Agency-Probleme auf. Sie können in einfache und komplexe Agency-Probleme unterschieden werden.[7] Sind dem Agenten die Eigenschaften und Fähigkeiten des Managers unbekannt, bezeichnet man dies als *hidden characteristics*. Sie treten vor Vertragsabschluss auf. Wenn der Manager seine Informationen bewusst einsetzt, um den Principal zu übervorteilen, spricht man von einer *adverse selection*.[8] Die so

---

[5] *Bachert*, (Fn. 4), S. 197.
[6] Der Begriff der Corporate Governance wird uneinheitlich und nicht eindeutig verwendet, allerdings wird im internationalen Sprachgebrauch Corporate Governance (vgl. *Dörner/Orth*, Bedeutung der Corporate Governance für Unternehmen und Kapitalmärkte, in: Pfitzer/Oser/Orth (Hrsg.): Deutscher Corporate Governance Kodex. Ein Handbuch für Entscheidungsträger, 2. Auflage, 2005, S. 6; vgl. *Rechkemmer*, Corporate Governance. Informations- und Früherkennungssystem, 2003, S. 3). „als eine verantwortliche, auf langfristige Wertschöpfung ausgerichtete Unternehmensleitung und -kontrolle verstanden" (von *Rosen*, Corporate Governance: Eine Bilanz, in: die Bank 4, 2001, S. 283).
[7] vgl. *Göbel*, Neue Institutionenökonomik, 2002, S. 104.
[8] vgl. *Just*, Die Anwendbarkeit des Deutschen Corporate Governance Kodex auf nicht börsennotierte Unternehmen, 2007, S. 21.

bezeichnete *hidden action* tritt nach Vertragsabschluss auf und teilt sich in *hidden action* oder *hidden information* auf, je nachdem ob das Verhalten des Agenten nicht beobachtet oder nicht beurteilt werden kann.[9] Der Agent kann die Informationsasymmetrie zwischen sich und dem Principal opportunistisch ausnutzen, was sich für den Principal als *moral hazard* darstellt. Die *hidden intention* zeigt die wahre Absicht des Agenten, die Unkenntnis des Principals auszunutzen.[10] Sie kann vor und nach Vertragsabschluss auftreten. Die folgende Tabelle zeigt die Problemtypen, den Entstehungszeitpunkt und das Problem stichwortartig nochmals auf:

Problemtyp	Entstehungszeitpunkt	Problem
Hidden characteristics	Vor Vertragsschluss	Adverse Selection
Hidden action	Nach Vertragsschluss	Shirking, consumption on the job
Hidden information	Nach Vertragsschluss	eigennützige Entscheidungen z.B. zur Erzielung von „fringe benefits"
Hidden intention	Vor/nach Vertragsschluss	Adverse selection/Hold up

Abbildung 2: Überblick über typische Agencyprobleme[11]

In der Praxis wirken sich diese Informationslücken schlimmstenfalls so aus, dass Unternehmen in die Insolvenz gehen und ihren Zahlungsverpflichtungen nicht mehr nachkommen können. Immerhin waren es 23.123 Unternehmen die im Jahr 2015 (Bundesamt der Statistik) insolvent wurden.

Für die Mitarbeitenden bedeutet dies in der Regel den Verlust des Arbeitsplatzes. Geschieht eine Insolvenz im sozialen Sektor werden nicht nur Mitarbeitende arbeitslos, auch die betreuten Personen erleiden zum Beispiel im Altenheim einen großen Verlust, der sie auch emotional stark belastet: Sie verlieren ihre Heimat.

---

[9] *Just,* (Fn. 9), S. 22.
[10] *Just,* (Fn. 9), S. 22.
[11] *Göbel,* Unternehmensethik, 2006, S. 100.

Bei Max und Moritz endet es für die Beiden allerdings ebenso tragisch, sie werden beide fein geschrotet und vom Federvieh verzehrt. So heißt es: „Doch sogleich verzehrt sie Meister Müllers Federvieh". Betriebswirtschaftlich gesprochen, sind sie damit „total"-insolvent.

IV. Perspektiven der Corporate Governance im Non Profit Bereich

Ein Hauptaugenmerk bei der Einführung der sogenannten Corporate Governance Kodices im Nonprofit Bereich lag je nach Spitzenverband der Wohlfahrtspflege auf der Verhinderung von Insolvenzen der Mitgliedseinrichtungen. Die Perspektiven der Corporate Governance lassen sich gliedern in Aufsicht und Leitung, Controlling und Risikomanagement.

In allen drei Perspektiven haben die Wohlfahrtsverbände große Anstrengungen unternommen, um die Organisationen bei der Erstellung von Mustersatzungen zu unterstützen, beim Aufbau von Controlling Hilfestellung zu bieten und adäquate Chancen- und Risikomanagementsystem zu implementieren.

Es ist hierzu auf das Buch: Corporate Governance in Nonprofit-Unternehmen aus dem Jahr 2005 zu verwiesen. Hier werden für diese drei Bereiche Instrumente in Theorie und Praxis für eine optimale Umsetzung der Corporate Governance dargestellt.

V. Corporate Governance der Nutzen für einen Mitgliederverband

Der Kodex für die württembergische Diakonie wurde 2005[12] und der für die Diakonie in Baden im November 2008[13] auf den Mitgliederversammlungen der diakonischen Werke verabschiedet. Die Umsetzung und

---

[12] vgl. Diakonisches Werk der evangelischen Kirche in Württemberg e. V. 2010a, Corporate Governance Kodex für die Diakonie in Württemberg, geändert in der Mitgliederversammlung am 10.11.2010, Stuttgart.
[13] vgl. Diakonisches Werk der Evangelischen Landeskirche in Baden e. V. 2011a. Corporate Governance Kodex für die Diakonie in Württemberg, geändert in der Mitgliederversammlung am 10.11.2010.

Einführung der Kodices bei den Mitgliedseinrichtungen wurde aktiv durch Schulungsprogramme beider diakonischen Werke begleitet.[14] Die im Zuge der Evaluierung durchgeführten Befragungen in Baden und Württemberg ergaben überwiegend positive Umsetzungs- und Anwendungswerte der beiden Kodices.[15] Rückschlüsse auf die prognostizierten Vorteile sind hierdurch allerdings nur begrenzt möglich. Lediglich zu einzelnen Punkten können Bezüge hergestellt werden.

Das Diakonische Werk Württemberg formulierte folgende Vorteile[16], die sich aus der Anwendung eines Kodex ergeben sollten:
- „Stärkung des Vertrauens der Öffentlichkeit in die Managementkompetenz diakonischer Organisationen
- Wettbewerbsvorteile bei der Spendenakquisition
- Vermeidung von Insolvenzen und Ansehensverlusten von Kirche und Diakonie
- Belegungs- und Liquiditätsvorteile
- Besseres Rating durch die Banken
- Betriebswirtschaftliche Instrumente kommen optimiert zum Einsatz
- Führungskräfte und Mitglieder der Aufsichtsgremien sind zur Erledigung ihrer Aufgaben optimal qualifiziert"[17]

---

[14] vgl. *Bachert*, Corporate Governance in der Diakonie - nachhaltiges Wirtschaften am Beispiel der Diakonischen Werke Baden und Württemberg, in: Jung/Katzenmayer (Hrsg.): Nachhaltig wirtschaften. Wirtschaftsethische Reflexionen, S. 130.

[15] vgl. *Bachert/Sandritter*, Corporate Governance. Ethik der Unternehmensführung, in: Sozialwirtschaft 5, 2012, S. 34; Die Befragungen ergaben empirisch betrachtet keine statistisch voll belastbaren Werte u.a. wegen der geringen Rücklaufquoten und der ggf. von den Befragten gegebenen Antworten im Hinblick auf das gewünschte Resultat. Sie können aber sicherlich als Tendenzaussagen für die Untersuchung in dieser Arbeit herangezogen werden. Die Fragebögen und die Auswertungen liegen in den beiden Diakonischen Werken vor. Die Ergebnisse wurden auch in Form von Kurzberichten an die Mitgliedseinrichtungen versendet.

[16] Es ist darauf hinzuweisen, dass diese Vorteile auf Grund von Annahmen der Verfasser des Kodex für die Diakonie formuliert wurden (vgl. *Bachert*, (Fn. 4), S. 19). Es handelt sich aus diesem Grund um Erfahrungswissen und nicht um empirisch belegte Sachverhalte.

[17] *Bachert*, (Fn. 4), S. 19.

VI. Drei Ebenen Konzept der Unternehmensethik

Aus einer systemtheoretischen Perspektive kann man das Verhältnis zwischen Wirtschaft („Corporate Governance") und Ethik („Diakonie") nach der sogenannten Drei Ebenen-Konzeption analysieren.[18] Sie betrachtet das Verhältnis in „Abhängigkeit vom Aggregationszustand der Handlungssubjekte"[19]. Es handelt sich dabei um die Handlungsebenen: Mikro-, Meso- und Makroebene. Als Handlungsträger agieren in der ersten Ebene die Individuen als Person (Handlungsfeld: Führungsethik), in der zweiten die Unternehmen (Handlungsfeld: Unternehmens- oder Managementethik) und in der dritten die Gesellschaft (Handlungsfeld: Wirtschaftsethik).[20] Folgende Tabelle verdeutlicht die eben beschriebenen Inhalte:

Handlungsebene	Handlungsträger	Handlungsfeld
Mikroebene	Individuum als Person	Führungsethik
Mesoebene	Unternehmen, Institution	Unternehmensethik, Managementethik
Makroebene	Aggregation der Individuen, Gesellschaft	Wirtschaftsethik

Tabelle 3: Drei-Ebenen-Konzeption der Unternehmensethik (Eigene Darstellung[21])

Ein Corporate Governance Kodex gehört zu der Kategorie der institutionenethischen Verpflichtungen (Mesoebene), zu deren Einhaltung sich

---

[18] vgl. *Brink/Tiberius*, Ethisches Management. Grundlagen eines wert(e)orientierten Führungskräftekodex, 2005, S. 13.
[19] *Brink*, Holistisches Shareholoder-Value-Management. Eine regulative Idee für globales Management in ethischer Verantwortung, 2000, S. 40.
[20] vgl. *Brink/Tiberius*, (Fn. 19), S. 14.
[21] nach *Brink/Tiberius*, (Fn. 19), S. 14; vgl. *Brink*, (Fn. 20), S. 113.

die Organisationen i.d.R. freiwillig auf Grund einer verbandlichen Empfehlung (Makroebene) verpflichten.[22] Seine Einhaltung und Umsetzung fällt jedoch auch in den Bereich der Individualethik (Mikroebene). So sind jeweils Individuen als Leitungs- und Aufsichtspersonen in den Einrichtungen der Diakonie tätig und von ihnen ist gefordert, dass sie die Führungs- und Aufsichtsfunktionen umsetzen. Individuen und Unternehmung sowie Unternehmung und Rahmenordnung wirken bei der Realisierung der Funktionen der Corporate Governance wechselseitig zusammen. Konzeptionell bedeutet dies für eine Unternehmensethik, dass sie einerseits zwischen der Mikro- und Makroebene angesiedelt ist und andererseits auf die beiden anderen Ebenen einwirkt.[23] Die gegenseitigen interdependenten Leitungs- und Aufsichtswirkungen zwischen (1) Individuen, (2) Unternehmung und (3) Rahmenordnung sind bei den weiteren Ausführungen von großer Relevanz.

VII. Die Moral von der Geschicht(e)

Wie sieht es mit den Unterschieden bei der moralischen Fundierung zwischen diakonischem Corporate Governance und deutschem Corporate Governance Kodex aus? Ein Vergleich zeigt, dass keine wesentlichen Unterschiede in den Präambeln vorliegen. Marginale inhaltliche Unterschiede bei der Beschreibung der Corporate Governance ergeben sich eher in quantitativer als qualitativer Hinsicht. Erwähnenswert ist, dass einige der Kodices der Diakonie bereits in der Präambel eine klare Positionierung für das diakonische Profil, den kirchlichen Auftrag und eine diakonische Einrichtungskultur geben und Leitbildbezug herstellen. Dadurch wird deutlich, dass von den verantwortlichen Gremien und Fachleuten bei der Entwicklung und Verabschiedung der Kodices dieser Thematik ein hoher Stellenwert zugeschrieben wurde.

In Industrie und Wirtschaft gilt die Einführung eines Kodex bereits als Hinweis für ein gewisses ethisches Bewusstsein, in den Diakonie-Kodices werden ergänzend und ausdrücklich beispielsweise das diakonische Profil, die Einrichtungskultur und der kirchliche Auftrag erwähnt. Damit wird eine weitergehende eindeutige ethische Position bezogen. Ist

---

[22] vgl. *Brink/Tiberius,* (Fn. 19), S. 15.
[23] vgl. *Göbel,* (Fn. 12), S. 95.

der Deutsche Corporate Governance Kodex Ausdruck einer Art wirtschafts- oder unternehmensethischen Positionierung von Organisationen, so ist der Diakonische Kodex dies für diakonische Einrichtungen. Aus der vergleichenden Betrachtung ergeben sich jedoch auch kritische Punkte. Die Kodices legen eindeutig Wert auf die kirchliche und diakonische Werthaltung und dokumentieren sie. Die Systematisierung, wie sie beispielsweise in der württembergischen Kommentierung zum Kodex anklingt, wird in Bezug auf die „Werte"-Thematik allerdings nicht vorgenommen. Es besteht ferner aus ethischer Sicht ein gewisses Systematisierungs- und Institutionalisierungsdefizit. Für Baden und Württemberg sind zwar Angebote z.B. zur Satzungsberatung im Zusammenhang mit der Einführung von Kodices bekannt, jedoch keine ethischen Beratungsangebote. Die Verbandsberater legten den Schwerpunkt eindeutig auf Betriebswirtschaft (Risikomanagement und Controlling) und Recht (Satzungen und Geschäftsordnungen) und nicht auf ethische Feinjustierungen (Leitbild und diakonisches Profil). Es besteht damit ein „Werte"-, Beratungs- und Implementierungsdefizit.

Als Fazit dieser kurzen vergleichenden Betrachtung kann gesagt werden, dass ein Kodex allein nicht ausreicht, um immer moralisch einwandfreies Verhalten von Mitgliedern von Organisationen zu gewährleisten. Im Bild von Max und Moritz gesprochen bedeutet dies, dass die Beiden immer weiter ihr Unwesen treiben würden, selbst wenn sich die Organisation, bei der sie angestellt sind, auf einen Kodex verpflichtet hat: „Ein Kodex allein, hilft also am Ende nicht"!

Als erste Ideen zur Verbesserung der Wirkung des Corporate-Governance-Gedankens könnte man drei Punkte nach der Ebenen-Konzeption anführen:

- Führungskräftekodex
  Auf der Mikroebene zur Unterstützung der Individuen in Aufsichts- und Leitungsfunktionen: Einführung einer Art „Eid des Hypokrates" für Führungskräfte („Führungskräftekodex").

- Diakonie Kodex Optimierung
  Auf der Mesoebene für die Institution: Werte-Systematisierung im Kodex wie z.B. in der Transparenzrichtlinie der Caritas und

Diakonie oder in der Eingruppierungshilfe für Organmitglieder in Baden und Bayern der diakonischen Werke.

- Rahmenordnung
Auf der Makroebene Implementierung von Rahmenvorgaben und Einsetzung einer Ethik-Kommission sowie Umsetzungsangebote.

VIII. Werte: einfache und komplexe Lösung

Es gibt z.B. bei der Frage der Werte-Implementierung einfache und komplexe Lösungen. Wenn man so will, wären Wertekärtchen mit zentralen persönlichen und unternehmerischen Werten eher einfache Lösungen, die der Komplexität der Thematik ggf. nicht in Gänze gerecht werden (können). Warum ist das so?

Für eine gelingende Corporate Governance stellt sich in hybriden Organisationen die Frage nach der Identitätsbildung des Individuums.[24] In den Unternehmen der Diakonie ergeben sich sowohl eine Reihe von Ressourcen-, Ziel- und Steuerungskonflikten als auch Auseinandersetzungen mit der eigenen Identität.[25]

Beide Gesichtspunkte – organisationale als auch individualpsychologische – müssen in hybriden Organisationen beachtet werden, da sie im Spannungsverhältnis marktwirtschaftlicher Ausrichtung und Gemeinwohlorientierung stehen. Corporate Governance erfordert bei den Mitarbeitenden eine ständige Bewusstheit des Umgangs mit Werten. Für

---

[24] Das Individuum entscheidet sich im Laufe seiner Entwicklung für einen Beruf. In Unternehmen der Sozialbranche zeigt sich, dass Transzendenz und Spiritualität entscheidend für die individuelle Berufswahl sind. Ein Auseinanderdriften persönlicher Wertmaßstäbe mit den Leitwerten des Unternehmens wirkt sich aus diesem Grund auch negativ auf das Individuum (Mitarbeitende und Führungskräfte) aus. Wertekonflikte führen somit zu psychischen Belastungen, die sich nicht monetär ausgleichen lassen (vgl. *Szagun/Wasel*, Demut als Führungskompetenz in Sozialunternehmen: Lösung im Spagat zwischen Marktmechanismen und Burnout-Epidemie?, in: NDV August 2013, 366).
[25] vgl. *Szagun/Wasel*, (Fn. 25), S. 363.

Individuen können durchaus Normen gelten, da sie sich jedoch in einem gesellschaftlichen Kontext bewegen, sind differenzierte Regeln und Vorschriften erforderlich „die sicherstellen, dass die Praxis im Einklang mit der gegebenen Statusordnung vollzogen wird"[26].

Mathwig und Stückelberger gehen der Frage nach, wie eine individuelle Wertorientierung im Kontext der Komplexität des Wertebegriffs zwischen Unmittelbarkeit und Vorreflexivität sich über die Identität auf Handlungen und Sinn auswirkt.[27]
Die folgende Grafik verdeutlicht die Beziehung zwischen lebensweltlicher Orientierung und wertorientiertem Handeln:

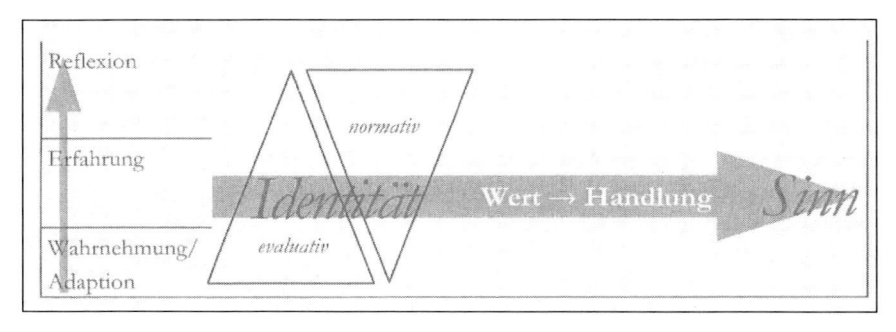

Abbildung 4: Begriffliche Differenzierungen[28]

Die beiden in der Grafik enthaltenen Dreiecke stehen für zwei gegenläufig idealtypische Prozesse evaluativer und normativer Wertorientierung. Die Bedeutung von Normen und Werten – vom kindlichen Moralverständnis hin zu einer ausgereiften Moral des Erwachsenen – wurde in kognitiver Sicht entwicklungspsychologisch von Piaget (1965) und auf Grund empirischer Untersuchungen von Kohlberg (1964) und Turiel (1966) analysiert und in Modellen dargestellt.[29]

---

[26] *Szagun/Wasel*, a.a.O.
[27] vgl. *Mathwig/Stückelberger*, Grundwerte, 2007, S. 32.
[28] Vgl. *Mathwig/Stückelberger*, (Fn. 28), S. 33.
[29] vgl. *Oerter*, Kindheit, in: Oerter/Montada (Hrsg.): Entwicklungspsychologie, 2. Auflage, 1987, S. 257.

Das linke Dreieck steht mit dem senkrechten Pfeil für die moralische Entwicklung von der reinen Wahrnehmung und Adaption, über die Erfahrung bis hin zur Reflexion. Die Sozialisationsentwicklung ist gekennzeichnet durch die Internalisierung von Werten bis hin zur kritischen Distanzierung. Demgegenüber symbolisiert das auf dem Kopf stehende Dreieck die kognitive und rationale Rekonstruktion und Reflexion von Werten. Beide Bewegungen wirken auf das Individuum stabilisierend und identitätsbildend. Diese beiden gegenläufigen Ausprägungen normativer und evaluativer Art erzeugen Identität. Der horizontale Pfeil beschreibt den Weg von der Identität über die Werte als Vermittlungsinstanz[30], „die die Einheit von Handeln und Identität herstellen", hin zur Produktion von Sinn als „kohärentes intentionales Verhalten"[31]. Die Grafik verdeutlich, dass es sich hier um einen kommunikativen, individuellen Prozess in einer identitätsstiftenden Umwelt handelt.[32] Daneben sind Werte in komplexe Systeme mit Wertkonflikten eingebunden. Das bedeutet, dass zu normativen und evaluativen Aspekten situative und organisationale hinzukommen und eine Wertrelationalität bedingen.

IX. Führungskräftekodex der Diakonie

Brink und Tiberius haben einen Führungskräftekodex entworfen, auf den im Folgenden Bezug genommen wird. Ihr Kodex beginnt mit einer Präambel im

Sinne einer einleitenden Eides- oder Verpflichtungsformel und anschließend werden zwölf ethische Grundsätze aufgelistet, die sich mit folgenden Überschriften in Stichworten versehen lassen[33]:
(1) Wertschöpfung und Erfolg des Unternehmens,
(2) Menschenwürde,
(3) Anerkennung und Wertschätzung,
(4) fairer Umgang,
(5) Freiheit,
(6) Offenheit und Wahrhaftigkeit,

---

[30] vgl. *Mathwig/Stückelberger*, (Fn. 28), S. 33.
[31] *Mathwig/Stückelberger*, a.a.O.
[32] *Mathwig/Stückelberger*, (Fn. 28), S. 33 f.
[33] vgl. *Brink/Tiberius*, (Fn. 19), S. 534 ff.

(7) zeitnaher und ehrlicher Dialog
(8) Vertrauensvoller und integrer Umgang,
(9) soziale Verantwortung
(10) Eigenverantwortung und Solidarität,
(11) Nachhaltigkeit,
(12) tugendhaftes Verhalten und Vorbild.

Zu jeder dieser Positionen ist ein Verpflichtungssatz („Leitsatz") vorhanden, zu dem sich die Leitungsperson auf freiwilliger Basis bekennt. Der sogenannte wert(e)orientierte Führungskräfte-Kodex („Management Code of Conduct") und seine Präambel stellen sich wie folgt dar:

Der wert(e)orientierte Führungskräfte-Kodex

Präambel:
Ich verpflichte mich freiwillig und feierlich,
den folgenden Kodex nach bestem Wissen und Gewissen anzuerkennen
und in meiner täglichen Arbeit umzusetzen.
Ich verpflichte mich, dem Unternehmen und seinen legitimen Anspruchsgruppen
Gutes zu tun und Schaden zu vermeiden.

1) Ich verpflichte mich zur Exzellenz, zur Wertschöpfung und zum Erfolg für das Unternehmen, seine legitimen Anspruchsgruppen und mich!
2) Ich verpflichte mich zur Achtung der Prinzipien der Menschenwürde gegenüber sämtlichen Stakeholdern!
3) Ich verpflichte mich zur Anerkennung und Wertschätzung der legitimen Anspruchsgruppen!
4) Ich verpflichte mich zu einem fairen Umgang mit den legitimen Anspruchsgruppen!
5) Ich verpflichte mich zum höchstmöglichen Maß an Freiheit für die legitimen Anspruchsgruppen und mich!
6) Ich verpflichte mich zur Offenheit und Wahrhaftigkeit in Wort und Schrift gegenüber den legitimen Anspruchsgruppen!
7) Ich verpflichte mich zum zeitnahen und ehrlichen Dialog mit den legitimen Anspruchsgruppen!
8) Ich verpflichte mich, mich an meine Versprechen zu halten und Voraussetzungen zu schaffen, die einen vertrauensvollen und integren Umgang mit den legitimen Anspruchsgruppen ermöglichen!
9) Ich verpflichte mich zur sozialen Verantwortung für die legitimen Anspruchsgruppen und dazu, die Folgen meiner Handlungen zu berücksichtigen!
10) Ich verpflichte mich zur Förderung von Eigenverantwortung und Solidarität!
11) Ich verpflichte mich zur Verträglichkeit meiner Handlungen durch Nachhaltigkeit in ökonomischer, sozialer und ökologischer Perspektive!
12) Ich verpflichte mich zu tugendhaftem Verhalten und dazu, ein Vorbild für meine Mitmenschen sein!

Abbildung 5: Führungskräftekodex[34]

---

[34] *Brink/Tiberius*, (Fn. 19), S. 533.

Auf Basis dieser Vorlage für einen Führungskräftekodex wird im Folgenden ein Führungskräftekodex für die Diakonie entwickelt. Es ist nicht leistbar ein durchgängig wissenschaftlich begründetes Ordnungsschema für die in diesem Arbeitsschritt berücksichtigten Werte zu entfalten. Allerdings legt die besondere Gewichtung der Menschenwürde im theologischen und diakonischen sowie säkularen Kontext es nahe, diese in einem diakonischen Führungskräftekodex an erste Stelle nach der Präambel aufzunehmen. Alle anderen Werte sind hinsichtlich ihrer Ordnung, in einem relationalen Wertenetz-Konzept zu fassen.[35] Insofern gibt die vorgeschlagene Reihenfolge lediglich einen ersten möglichen Versuch der Darstellung in diesem relationalen Sinn wieder. Die ersten sechs Wertaspekte werden kurz vorgestellt. Alle anderen sind in dem im erscheinen begriffenen Buch dargestellt. Im Anschluss daran wird der Führungskräftekodex vorgestellt.

<u>Die Würde des Menschen</u> ist im Leitbild der Diakonie Deutschland an vorderster Stelle genannt[36] und steht im Mittelpunkt der Diakonie[37]. Auf dieser Grundlage sind die Einrichtungen und Dienste der Diakonie als Orte zu gestalten, „in denen die Menschenfreundlichkeit Gottes spürbar wird"[38]. Die Gottesebenbildlichkeit jedes Menschen verpflichtet die Diakonie zu ihrer Achtung. Haslinger nennt sie als unverzichtbares Konstitutivum von Kirche und ihrer Diakonie.[39] Für einen Führungskräftekodex der Diakonie stellt die Menschenwürdeorientierung[40] „(…) eine Grundprägung von Diakonie gleichermaßen in der individuellen,

---

[35] vgl. *Mathwig/Stückelberger,* (Fn. 28), S. 72.
[36] Diakonisches Werk der Evangelischen Kirche in Deutschland e. V. 1997, Leitbild Diakonie, http://www.diakonie.de/media/Leitbild.pdf, Berlin, 10.10.2012, 13:45 Uhr, S. 2.
[37] Diakonisches Werk der evangelischen Kirche in Württemberg e. V. 1999, Leitbild, Zuerst der Mensch, S. 6.
[38] Diakonisches Werk der evangelischen Kirche in Württemberg e. V. 1999 (Fn. 38) S. 7.
[39] *Haslinger*, Diakonie. Grundlagen für die soziale Arbeit der Kirche, 2009, S. 193.
[40] Der Text zur Menschenwürde wurde in einem Gespräch am 19.3.2015 in Berlin mit Herrn Dr. Oelschlägel diskutiert. Mit ihm wurde auch besprochen, dass es in einem Führungskräftekodex der Diakonie um die „Menschenwürdeorientierung" gehen muss. Der Hinweis resultiert aus der genannten Menschenrechtsorientierung, die im zitierten Buch-Text auf Seite 273 genannt ist (vgl. *Oelschlägel*, Diakonie und Menschenrechte. Menschenrechtsorientierung als Herausforderung für diakonisches Handeln, 2013, S. 273).

politischen und spirituellen Dimension"[41]) dar.[42] Sie ist als „Basis aller Grundwerte"[43] zu verstehen und in einem Führungskräftekodex für die Diakonie an erster Stelle aufzuführen. <u>Freiheit</u> spielt sich, in einem Dreiecksverhältnis aus Theonomie, Heteronomie und Autonomie ab[44] und spiegelt sich in der Reihenfolge als Gabe, Recht und Aufgabe wider[45]. Die Beförderung fragwürdiger Freiheiten wäre für eine diakonische Corporate Governance sehr kritisch. Unter dem Aspekt einer geistlichen Leitung ist es insbesondere nicht angebracht, wenn diakonische Führung a) einer schrankenlosen Freiheit, ohne Anerkennung von Grenzen, b) einer autoritätsgebundene Freiheit, ohne die Ermutigung und Möglichkeit zur individuellen Freiheitsentfaltung und c) einer unberechenbare willkürliche Freiheit durch die Machtträger in der Leitungsaufgabe ausführen.[46]

<u>Verantwortung und Solidarität</u> sind zwei bedeutungsvolle Kategorien diakonischen Handelns. Die Führungskraft in der Diakonie steht bei der Ausübung unternehmerischer Freiheit in zweifacher Verantwortung: vor Gott und dem Menschen.[47] Aus christologischer Perspektive ist Verantwortlichkeit mit Stellvertretung eng verbunden.[48] „(...) Verantwortlichkeit gibt es nur in der vollkommenen Hingabe des eigenen Lebens an den anderen Menschen"[49]. Bonhoeffer dazu: „Kein Mensch, der der Verantwortung und das heißt der Stellvertretung überhaupt

---

[41] *Oelschlägel*, a.a.O.
[42] *Oelschlägel*, a.a.O.
[43] Schweizer Bischofskonferenz/Schweizerischer Evangelischer Kirchenbund 2000, S. 71 zit. nach *Mathwig/Stückelberger*, (Fn. 28), S. 66.
[44] *Mathwig/Stückelberger*, (Fn. 28), S. 111.
[45] *Heimbach-Steins*, Kommunikative Freiheit und Beteiligung an Bildung. Zur Herausforderung kirchlicher Schulen durch das Paradigma, in: Bedford-Strohm/Nolte/Sachau (Hrsg.): Kommunikative Freiheit. Interdisziplinäre Diskurse mit Wolfgang Huber, Reihe: Öffentliche Theologie Band 29, 2014, S. 127.
[46] *Mathwig/Stückelberger*, (Fn. 28), S. 118.
[47] Rat der Evangelischen Kirche in Deutschland, Unternehmerisches Handeln in evangelischer Perspektive. Eine Denkschrift, 2008, S. 41
[48] *Mathwig/Stückelberger*, (Fn. 28), S. 137.
[49] *Mathwig/Stückelberger*, (Fn. 28), S. 137 f.

entgehen könnte"[50]. Wird Verantwortung im Unternehmen nicht wahrgenommen, kann dies Störungen und Verzögerungen im betrieblichen Ablauf zur Folge haben.[51] Solidarität spiegelt sich im helfenden Handeln der Diakonie wider. Das heißt allerdings nicht, dass eine begriffliche Gleichsetzung von Diakonie und Solidarität erfolgen darf. Es ist vielmehr eine differenzierte Definition des Begriffs notwendig. Der Diakonietheologe Grosse-Krachts führt dazu an: „Je präziser nämlich der Begriff der Solidarität gefasst werden kann, desto größer wird die Chance, dass die Solidaritätsvokabel an semantischer Schärfe gewinnt"[52].

<u>Nachhaltigkeit</u> ist ein Leitwert in modernen Leitbildern von Unternehmen.[53] „Branchenübergreifend werde von den Unternehmen ein Bekenntnis zur nachhaltigen Wirtschaftsweise abgegeben und Werteorientierung als Bestandteil der Geschäftsstrategien dargelegt"[54]. In Unternehmen, bei denen Nachhaltigkeit eine Rolle in der strategischen Ausrichtung spielt, wirkt sich dies auf die Führungskräfte aus und führt auch zu einem entsprechenden Niederschlag in der Unternehmenskultur.[55] Ein Führungskräftekodex der Diakonie als personale Komponente spricht den Entscheidungsträger direkt auf seine moralische Verantwortung für nachhaltiges Wirtschaften an.[56] Für die Leitungskraft bedeutet nachhaltiges Handeln, dass sie alle Entscheidungen vor dem Hintergrund der Nachhaltigkeit reflektieren muss, d.h. die Aufgabenwahrnehmung und Entscheidungen müssen in ökonomischer, sozialer und ökologischer Perspektive vertretbar und verantwortbar sein.

---

[50] *Bonhoeffer*, Ethik, hrsg. v. Ilse Tödt u.a., 2. Auflage, 1998, S. 257.
[51] *Schönborn*, 2014, S. 229.
[52] *Grosse-Kracht*, Jenseits von Mitleid und Barmherzigkeit. Zur Karriere solidaristischen Denkens im 19. und 20. Jahrhundert, in: Gabriel (Hrsg.): Jahrbuch für Christliche Sozialwissenschaften, 2007, S. 16.
[53] *Mathwig/Stückelberger*, (Fn. 28), S. 152.
[54] *Schönborn*, (Fn. 52), S. 298.
[55] *Schönborn*, (Fn. 52), S. 299.
[56] *Göbel*, (Fn. 12), S. 170.

Gerechtigkeit bedeutet für die Führungskraft Recht so auszuüben, dass es auch für andere gut ist.[57] Die Entfaltung der Gerechtigkeit kann über vier Aspekte für die Diakonie geschehen[58]:

(1) einer ausgleichenden Gerechtigkeit, die sich im Eintreten für eine menschenwürdige Gesetzgebung zeigt[59] und jedem zuteilwerden kann[60],

(2) einer Gerechtigkeit als Fairness, „(…) im Kontext der Vertragstheorie als individuelle Treue-Verpflichtung gegenüber institutionellen Vereinbarungen"[61],

(3) der Gerechtigkeit als Befreiung auf deren Grundlage der Mensch fähig wird den Willen Gottes zu tun[62] und

(4) der Gendergerechtigkeit, die sich im Leitbild der Diakonie folgendermaßen zeigt: „Wir praktizieren und fördern die Gleichstellung von Frauen und Männern"[63].

Wertschöpfung in der Diakonie heißt nicht Gewinnmaximierung, sondern Gewinnoptimierung. Wirtschaftliches Handeln bildet die Basis und nicht das Ziel des Handelns. „Wirtschaftliches Handeln ist kein Selbstzweck, sondern dient der Diakonie zur Erfüllung ihres Auftrags"[64].

Die Bündelung der Ergebnisse erfolgt in Form der Darstellung eines Entwurfs eines Führungskräftekodex für die Diakonie:

---

[57] *Kießig*, Evangelischer Erwachsenen Katechismus, 2000, S. 273.
[58] *Mathwig/Stückelberger*, (Fn. 28), S. 83 ff.
[59] *Mathwig/Stückelberger*, (Fn. 28), a.a.O.
[60] Diakonisches Werk der Evangelischen Kirche in Deutschland, 1997, Leitbild Diakonie, http://www.diakonie.de/media/Leitbild.pdf, S. 2.
[61] *Mathwig/Stückelberger*, (Fn. 28), S. 84.
[62] *Mathwig/Stückelberger*, (Fn. 28), S. 79.
[63] Diakonisches Werk der Evangelischen Kirche in Deutschland, (Fn. 61), S. 5.
[64] Diakonisches Werk der evangelischen Kirche in Württemberg e. V. 1999, (Fn. 38), S. 25.

Führungskräftekodex Diakonie (-Entwurf-)

Präambel

Das Evangelium ist in meinem alltäglichen Tun für mich Zuspruch und Anspruch. Im Rahmen meines diakonischen Dienstes bin ich bereit, mich daran auszurichten, Verantwortung zu übernehmen und meine Kräfte und Gaben zur Erfüllung meiner Führungsaufgabe in diesem Sinne einzusetzen. Als Teil der Gemeinschaft in Kirche und ihrer Diakonie anerkenne ich meine und fremde Grenzen und bin bereit zu Vergebung und Versöhnung. Dabei will ich die Bekenntnisse unserer Kirche, die Ordnungen der Landeskirche und ihrer Diakonie einhalten und mich an folgenden Leitlinien für mein tägliches Handeln ausrichten.

Menschenwürde: *Die Gottesebenbildlichkeit jedes Menschen verpflichtet mich zur Achtung der Menschenwürde.*

Freiheit: *Die mir aus meiner Leitungsverantwortung zugewiesene Freiheit nutze ich und zum Wohl des Unternehmens, seiner Mitarbeitenden und der betreuten Menschen.*

Verantwortung und Solidarität: *Als Führungskraft in der Diakonie fördere und fordere ich bei mir und anderen Eigenverantwortung und setze mich für Solidarität ein.*

Nachhaltigkeit: *Mein Führen und Leiten orientiert sich an verantwortbaren, langfristigen Strategien für die mir anvertraute Aufgabe in ökonomischer, sozialer und ökologischer Perspektive.*

Gerechtigkeit: *Im Umgang mit Anderen verpflichte ich mich die Rechte Anderer zu respektieren und ihre Schwächen und Stärken ernst zu nehmen.*

> **Wertschöpfung:** *Der Auftrag des Evangeliums verpflichtet mich, meine Gaben für das dauerhafte Bestehen meiner Einrichtung und für das Wohlergehen der Menschen, denen der Dienst unserer Einrichtung gewidmet ist, einzusetzen.*
>
> **Vertrauen:** *Ich bin mir bewusst, dass verlässliches Verhalten Voraussetzung ist für vertrauensvollen und integeren Umgang mit Mitarbeitenden und all denen, mit denen ich zu tun habe.*
>
> **Soziale Verantwortung:** *Ich verpflichte mich meinem Dienst in sozialer Verantwortung zu tun.*
>
> **Transparenz:** *Mein Dienst verpflichtet mich zur Transparenz und Glaubwürdigkeit.*
>
> **Wertschätzung:** *Ich verpflichte mich in der Fülle der Geschöpfe Gottes deren Unterschiedlichkeit anzuerkennen und dies als Gabe Gottes für das Leben aller zu vertreten.*
>
> **Vorbild:** *In meinem Streben nach vorbildlichem Verhalten bin ich darauf angewiesen, dass mir durch Gottes Geist die Kraft verliehen wird.*
>
> **Zeitnaher und ehrlicher Dialog:** *Gesprächsnotwendigkeiten will ich zeitnah und klar nachkommen und nach Lösungen suchen.*

X. Die Umsetzung

Es lässt sich sicher sagen, dass ein Corporate Governance Kodex eine Unterstützung zur wirksamen Kontrolle leistet. Allerdings ist die bloße Existenz eines Kodex, in einem komplexen System der Corporate Governance in hybriden Organisationen der Diakonie, noch kein Garant dafür, dass es zu einer voll funktionsfähigen Wahrnehmung der damit einhergehenden Management- und Kontrollaufgaben kommt. Für die Unternehmensethik und Führung der Organisation ist die betriebliche Ebene als institutionelle, ethische Unterstützungskomponente des individuellen Handelns der Leitungs- und Aufsichtsgremien in strukturell-systemischer Hinsicht maßgeblich. Die institutionelle Förderung des Individuums kann dabei in die Aspekte des „Sollens", „Wollens" und „Könnens" untergliedert werden. Nachstehende Abbildung verdichtet in einem ersten tabellarischen Überblick mögliche Ziele und Mittel der Unternehmensethik für eben geschilderte Sachverhalte:

Sollen	Wollen	Können
Ziel: Es muss deutlich werden, welche Erwartungen an das Unternehmensmitglied existieren und welche Handlungen erlaubt/erwünscht bzw. verboten/unerwünscht sind.	**Ziel:** Das Unternehmensmitglied muss bereit sein, in der gewünschten Art und Weise zu handeln.	**Ziel:** Dem Unternehmensmitglied muss es aufgrund seiner Fähigkeiten, Kompetenzen und Informationen möglich sein, in der gewünschten Art und Weise zu agieren.
Mittel: • Normative Klärung der Mission bzw. der theologischen Sinnmitte • Unternehmenskultur und Unternehmensleitbild sowie Führungskräftekodex • Unternehmensstrategie/-auftrag • Strategische Ziele und Maßnahmen	**Mittel:** • Personalauswahl/-kompetenzen • Personalbeurteilung und -honorierung • Kontrollsysteme wie z. B. Checklisten für Corporate Governance im Zuge der Revision	**Mittel:** • Personalentwicklung sowie Checklisten für Aufsicht und Leitung • Organisationsstruktur (Mustersatzungen und Geschäftsordnungen) • Informationssysteme (Risikomanagement und Controlling) • Implementierung von Ethikmanagement im Unternehmen

Tabelle 6: Überblick über die strukturell-systemischen Maßnahmen zur Unterstützung der Unternehmensethik (Eigene Darstellung[65]).

---

[65] Nach *Göbel* (Fn. 12), S. 188; ergänzt bei den „Mitteln" um Belange der Diakonie.

Die obige Tabelle verdeutlicht mögliche individualethische Zielsetzungen des „Sollens", „Wollens" und „Könnens". Bezogen auf die Ethik der Corporate Governance stellen die exemplarisch genannten Mittel Schlaglichter aus einem äußerst komplexen und vielfältigen Managementspektrum dar.

Zum Stellenwert von *corporate governance* für die Mitarbeitervertretung

Thomas Schwendele

Gliederung

I. These

II. Zur Unternehmensmitbestimmung: auf die lange Bank geschoben.

III. Zum Novellierungsstand der Mitarbeitervertretungsordnung: ein ungenügender Kompromiss.

IV. Zur Weiterentwicklung der Grundordnung: Loyalität neu denken?

V. Gegenthese: Es geht auch anders

VI. Fazit

I. These

These: Dass Mitarbeiter ihre Interessen in der Leitung und Überwachung von Unternehmen der katholischen Kirche und ihrer Caritas in Deutschland vertreten, ist im Ordnungsrahmen nicht vorgesehen und findet faktisch auch kaum statt, obwohl die Spitzengremien der Mitarbeitervertretungen dies seit langem fordern.

Die Grundaussagen der Deutschen Bischöfe zu guter Unternehmensführung in der Kirche und ihrer Caritas finden sich umfassend in der Broschüre „Soziale Einrichtungen in katholischer Trägerschaft und Aufsicht, Arbeitshilfe Nr. 182"[131]. Die Einhaltung der darin ausgeführten Standards sind natürlich im dringenden Interesse der Mitarbeiter bei Kirche und Caritas, werden doch dadurch ihre Arbeitsplätze sicherer. Doch zu einer Mitwirkung von Mitarbeitern oder Mitarbeitervertretungen an Leitung und Überwachung der Unternehmen findet sich nur an ein einziger Satz: „Dem Aufsichtsgremium dürfen keine Personen angehören, bei denen nachfolgende Kriterien zutreffen: ... - Mitarbeiter, die beim Träger selbst, in Diensten und Einrichtungen oder in Gesellschaften, bei denen der Träger (mit) beteiligt ist oder mit denen der Träger in Wettbewerb bzw. anderweitiger Konkurrenz steht, tätig sind, es sei denn, es handelt sich um gewählte oder entsandte Beschäftigtenvertreter aufgrund kirchenarbeitsrechtlicher Vorschriften; ... ." Solche Vorschriften gibt es bis jetzt nicht. Somit kann Unternehmensmitbestimmung bei der katholischen Kirche und ihrer Caritas entsprechend dieser Richtlinien nicht stattfinden.

II. Zur Unternehmensmitbestimmung: auf die lange Bank geschoben.

Zwar hat sich eine bischöfliche Arbeitsgruppe mit diesem Thema ausführlich beschäftigt. Sie kam jedoch zum Ergebnis, dass die Mitarbeitervertretungen mit einer Mitwirkung in den Aufsichtsgremien der kirchlichen oder caritativen Träger derzeit überfordert seien. Zunächst sollten diese in Gesamtmitarbeitervertretungen und darin zu bildenden

---

[131] Soziale Einrichtungen in katholischer Trägerschaft und Aufsicht – 3., völlig überarb. Aufl./hrsg. vom Sekretariat der Deutschen Bischofskonferenz. – Bonn 2014, Arbeitshilfen; 182.

Wirtschaftsausschüssen Erfahrung darin sammeln, über die eigene Einrichtung hinaus zu denken und die Gesamtbelange eines Trägers zu erkennen und beurteilen zu lernen. Erst nach einem solchen Prozess, der zeitlich nicht festgelegt ist, solle das Thema Unternehmensmitbestimmung wieder aufgegriffen werden. Im Übrigen seien die Trägerstrukturen bei Kirche und Caritas so vielfältig und unterschiedlich zum weltlichen Bereich, dass die Bestimmungen des weltlichen Bereiches nicht einfach zu übernehmen seien, sondern eigene Strukturen und Verfahren zur Unternehmensmitbestimmung für diese Bereiche erst noch zu entwickeln seien.

III. Zum Novellierungsstand der Mitarbeitervertretungsordnung: ein ungenügender Kompromiss.

Wer nun erwartete, dass über eine Novellierung der Mitarbeitervertretungsordnung nun rasch in allen Unternehmen Gesamtmitarbeitervertretungen verpflichtend vorgeschrieben würden, hätte sich getäuscht. Nur wenn sich zwei Drittel der bei einem Dienstgeber bestehenden Mitarbeitervertretungen einig sind, eine Gesamtmitarbeitervertretung zu bilden, kann diese auf dem Weg der Selbstorganisation dieser Mitarbeitervertretungen zustande kommen. Hat ein Träger kein Interesse an solch einem überbetrieblichen Gremium, so wird er Mittel und Wege finden, einen solchen Einigungsprozess, wenn schon nicht zu verhindern, so doch nachhaltig zu stören.

Prof. Dr. Jacob Joussen lässt in einem von der Personalwesenkommission des Verbandes der Diözesen Deutschlands in Auftrag gegebenen (unveröffentlichten) Gutachten keinen Zweifel daran, dass er diesen Schritt zur überbetrieblichen Mitbestimmung für zu klein hält und frägt gleichzeitig in einem Artikel der ZMV kritisch nach, wie intensiv eigentlich die Mitarbeitervertreter in den Ordnungsprozessen der sie betreffenden Ordnungen mitwirken dürfen. Er plädiert dafür, dass sie sich strukturiert in die Beratungen einbringen können – allerdings nur beratend.[132]. Liest und hört man die Stellungnahmen der caritativen

---

[132] *Joussen*, Die Beteiligung der Mitarbeiter an der Normsetzung im kirchlichen Raum, ZMV 5/2016, 250 ff.

Dienstgebervertreter und ihrer Organisationen zum Novellierungsentwurf, der diesen schon viel zu weit geht, muss man über den erreichten Fortschritt froh und dankbar sein in der Hoffnung, dass doch die eine oder andere Gesamtmitarbeitervertretung auch gegen den Willen des Trägers zustande kommen wird. Auch wenn man sich einen deutlich größeren Wurf durchaus hätte vorstellen können, insbesondere wenn einem partout kein theologisches Argument einfallen will, weshalb in der christlich fundierten Dienstgemeinschaft die strukturierte und kodifizierte Mitwirkungsmöglichkeit der Mitarbeitenden an einer *corporate governance* so erschwert ist.

IV. Zur Weiterentwicklung der Grundordnung: Loyalität neu denken?

Eine sehr neue Entwicklung zeigt sich rund um die Grundordnung, die die katholischen Bischöfe in Deutschland für den kirchlichen Dienst erlassen haben. Zögerten die Bischöfe der Diözesen Eichstätt, Regensburg und Passau zunächst, die novellierte Grundordnung zu unterschreiben, so scheinen nicht zuletzt sie sowie auch Generalvikar Dr. Beer aus München und die Spitzen des Deutschen Caritasverbandes hohes Interesse daran zu haben, den Loyalitätsbegriff neu zu denken und zu formulieren. War die Grundordnung bisher vom Gedanken geprägt, dass die Glaubwürdigkeit des kirchlichen Dienstes vor allem auch vom glaubwürdigen Leben der vor allem katholischen Mitarbeiter in und außerhalb des Dienstes abhänge und wenn nötig mit Hilfe des Arbeitsrechts korrigierend oder sanktionierend einzugreifen sei, so kommt jetzt viel stärker der Begriff der institutionellen Spiritualität in den Vordergrund. Damit ist gemeint, dass vor allem durch das Miteinander von Leitung und Mitarbeiterschaft sowie durch den Umgang mit den Hilfesuchenden das spezifisch Christliche - die Erfüllung Jesu Auftrag im Sinne des Evangeliums - sichtbar, spürbar, erlebbar werden soll. Diese spannende Entwicklung wird nur mit den Mitarbeitenden vorankommen und nur über eine wirklich gelebte Dienstgemeinschaft glaubwürdig werden können.

V. Gegenthese: Es geht auch anders

Dass paritätische Mitwirkung in Ordnungsprozessen und Mitbestimmung in kirchlichen Unternehmen bereits stattfindet, soll an folgenden Beispielen dargestellt werden:

Beispiel 1: Aufsichtsstrukturen bei den kommunalen Zusatzversorgungskassen mit starker Kirchenkomponente.

Bei der Bayerischen Versorgungskammer sowie bei der Kommunalen Zusatzversorgungskasse Baden-Württemberg handelt es sich zwar um weltliche Unternehmen, doch definieren sich beide eindeutig auch als für den kirchlichen Bereich zuständig. Ganz selbstverständlich wirken dort auf der Arbeitgeberbank kirchliche Dienstgeber und auf der Arbeitnehmerbank kirchliche Arbeitnehmer, ausgewählt von ver.di in der Aufsicht mit, ohne dass dadurch der kirchliche Dienst unglaubwürdig oder in seinen Festen erschüttert würde.

Beispiel 2: Unternehmensreform der Kirchlichen Zusatzversorgungskasse Köln (KZVK) – paritätische Mitbestimmung in Aufsichtsrat und Vertreterversammlung

Auch in der Kirchlichen Zusatzversorgungskasse Köln, der größten rein kirchlichen Zusatzversorgungskasse, wirken seit 2002 Mitarbeitervertreter als Versichertenvertreter paritätisch im Verwaltungsrat mit. Im Zuge der Unternehmensreform der Kasse werden ab nächstem Jahr sowohl Aufsichtsrat als auch Vertreterversammlung paritätisch mit Vertretern der Mitarbeiter besetzt sein, entsandt von der Zentral-KODA, benannt durch den Verband der Diözesen.

Beispiel 3: Mitwirkung der Mitarbeiterseiten der Arbeitsrechtlichen Kommission und der KODAen bei der Weiterentwicklung der Ordnungen

Im für gewöhnlich als konservativ erlebten Bayern wird die Ordnung der bayerischen Regional-KODA von ihren Mitgliedern selbst paritätisch weiterentwickelt. Die Ordnungsgeber, also die bayerischen Bischöfe, setzen diese Novellierungen nur in Kraft. Auch der Deutsche Caritasverband strebt an, dass künftige Novellierungen der Ordnung der Arbeitsrechtlichen Kommission in einem paritätisch besetzten Ausschuss der Delegiertenversammlung, dem obersten Gremium der deutschen verbandlichen Caritas, erarbeitet und beschlossen werden und von der Delegiertenversammlung nur noch abgelehnt oder inhaltlich unverändert angenommen werden können. Inhaltliche Änderungen wie bisher durch das stark von Dienstgebern besetzte Gremium wird es dann nicht mehr geben können.

Beispiel 4: Mitwirkung bei Regelungen des kirchlichen Arbeitsrechts in paritätischem Setting: der Arbeitsrechtsausschuss der Zentral-KODA.

Das relativ junge Gremium, in dem Dienstgeber und Dienstnehmer paritätisch vertreten sind sowie der Verband der Diözesen, das Katholische Büro, der Deutsche Caritasverband, die Deutsche Ordensoberenkonferenz und die Bundesarbeitsgemeinschaft der Mitarbeitervertretungen mit beratender Stimme repräsentiert sind, hat die Aufgabe, bei der Gestaltung innerkirchlicher Ordnungen mitzuwirken. Wie wirkungsvoll sich die Mitarbeitervertreter hier in den Ordnungsgestaltungsprozess bei der katholischen Kirche einbringen können, wird sich noch zeigen. Zumindest ist die Chance gegeben, neben der Personalwesenkommission, die bisher relativ intransparent Kirchenarbeitsrecht gestalten konnte, deutlich offener unter Beteiligung aller relevanter Gruppen transparentere Ordnungsprozesse gestalten zu können.

VI. Fazit

Meist durch Druck von außen, gelegentlich auch durch Druck von innen, beteiligen die Katholische Kirche und ihre Caritas auch Vertreter ihrer 750.000 Mitarbeiterinnen und Mitarbeiter an der Leitung und Überwachung von Unternehmen. Der Druck von außen wird zunehmen, möglicherweise auch der von innen. Höhere Entwicklungsgeschwindigkeiten sind trotzdem kaum zu erwarten.

Angesichts der zunehmenden Forderungen aus dem weltlichen Bereich, die katholische Kirche möge sich, vor allem aber ihre Finanz- und Entscheidungsstrukturen und -prozesse transparenter gestalten, wird das Anliegen der Mitarbeiter nach Unternehmensmitbestimmung diese weiter nach vorne bringen. Die deutschen Bischöfe wären sicher gut beraten, sich hier nicht nur von einer immer säkularer werdenden Umgebung drängen und schieben zu lassen, sondern unverzüglich die Kodifizierung einer verbindlichen Unternehmensmitbestimmung in Angriff zu nehmen, damit *corporate governance* für die Mitarbeitenden bei Kirche und Caritas nicht eine Veranstaltung bleibt, bei der sie unbeteiligt außen vor bleiben müssen.

Arbeitsrechtliche Konsequenzen von Ethikrichtlinien im Unternehmen

Michael Rein

Gliederung

I. Einführung
II. Typische Inhalte von Ethikrichtlinien
III. Implementierung von Ethikrichtlinien
    1. Implementierung durch arbeitgeberseitige Weisung
        a) Grenzen des Weisungsrechts
        b) Rechtsfolgen bei Überschreitung der Grenzen des Weisungsrechts
        c) Mittels Weisungsrecht implementierbare Ethikregeln
    2. Individualvertragliche Implementierung von Ethikrichtlinien
        a) Einbeziehung in das Arbeitsverhältnis
        b) Grenzen für individualvertraglich implementierte Ethikregeln
    3. Beteiligung des Betriebsrats bzw. der Mitarbeitervertretung
        a) Mitbestimmungsrechte des Betriebsrats / Mitwirkungsrechte der Mitarbeitervereinbarung
        b) Implementierung durch Betriebs- oder Dienstvereinbarung
IV. Sanktionierung eines Verstoßes gegen eine Ethikrichtlinie
    1. Abmahnung aufgrund eines Verstoßes gegen eine Ethikbestimmung
    2. Ordentliche verhaltensbedingte Kündigung
        a) Schuldhafte Verletzung einer arbeitsvertraglichen Pflicht
        b) Negativprognose
        c) Interessenabwägung

3. Außerordentliche Kündigung

    a) Verstoß gegen eine Ethikregel als "an sich" wichtiger Grund

    b) Umfassende Interessenabwägung

    c) Kündigungserklärungsfrist, § 626 II BGB

VI. Fazit

MICHAEL REIN

I. **Einführung**

In jüngerer Vergangenheit begannen insbesondere große, international tätige Unternehmen, unternehmensinterne Ethikrichtlinien mit Geltung für die Arbeitnehmer in Deutschland zu erstellen.[1] Mit diesen Regelwerken wird versucht, das Verhalten der Arbeitnehmer im Unternehmen bestimmten Regelungen zu unterwerfen, die als ethisch angemessenes und erwünschtes Verhalten gelten. Oftmals werden solche Verhaltensregelungen auch unternehmensübergreifend für einen ganzen Konzern vorgegeben.

Solche Verhaltensregelungen sind Teil umfassender Compliance-Bemühungen der Unternehmen. Der Begriff "Compliance" stammt ursprünglich aus dem amerikanischen Recht. Er kann mit "Einhaltung, Gesetzestreue, Befolgung, Übereinstimmung" übersetzt werden. Im Kern ist damit nichts anderes gemeint, als dass sich die Unternehmen insgesamt gesetzeskonform bzw. rechtmäßig verhalten. Die Umsetzung von Compliance richtet sich dabei als Führungsaufgabe an das Management. Es liegt grundsätzlich in der Verantwortung der Unternehmensleitung steht, sicherzustellen, dass vom Unternehmen und seinen Arbeitnehmern keine Rechtsverletzungen ausgehen, sondern vielmehr rechtskonform gehandelt wird. Um dieses Ziel zu erreichen, werden in den Unternehmen Prozesse etabliert, durch deren Einhaltung rechtskonformes Handeln (Compliance) gewährleistet werden soll. Eine Compliance-Strategie eines Unternehmens ist als umfassender, systematischer Ansatz zu verstehen, unternehmensinterne Prozesse so zu gestalten, dass die Einhaltung der gültigen Normen nicht dem Zufall, individuellem Engagement der Arbeitnehmer oder dem partiellen Abteilungsinteresse zu verdanken ist. Vielmehr soll eine mit dem gesamten internen und externen Unternehmensauftritt verbundene "Compliance-Architektur" möglichst sicher-

---

[1] Laut *Schulz,* BB 2011, 629 verfügen 61 % der deutschen Unternehmen über ethische Richtlinien.

stellen, alle für die Wertschöpfung des Unternehmens einschlägigen (gesetzlichen) Vorschriften einzuhalten. Dies Bemühung sind auch vor dem Hintergrund zu sehen, dass sich die öffentliche und mediale Wahrnehmung von Vorkommnissen, die als Verstoß gegen Grundsätze integrer Wertschöpfung angesehen werden, gewandelt hat. Korruptionsskandale schaden einem Unternehmen bspw. auf Jahre und bringen für das betroffene Unternehmen erhebliche Kosten mit sich, die sowohl in einem geringeren Absatz wegen des Reputationsverlusts resultieren als auch aufgrund der mit der erforderlichen Aufarbeitung einer "Korruptionsaffäre" einhergehenden Kosten (wie etwa Kosten für Rechtsstreitigkeiten). Auch haben Compliance-Verstöße oftmals Konsequenzen für die Anstellungsverhältnisse der verantwortlichen Manager und Führungskräfte und führen zu deren Beendigung.

Zur Vermeidung dieser Nachteile werden Organisationsstrukturen, Prozesse und Systeme im Unternehmen etabliert. Dabei muss jedes Unternehmen individuell beurteilen, welche Strukturen für das jeweilige Unternehmen passend sind. Es gibt keine allgemeingültige Compliance-Organisation, sondern jedes Unternehmen muss individuelle Strukturen entwickeln.

Arbeitsrechtlich wird eine solche unternehmensinterne Compliance-Organisation in aller Regel von sog. Ethik- oder Verhaltensregeln flankiert. Diese auch als "code of conduct" bezeichneten Regelwerke formulieren hauptsächlich Verpflichtungen, die an das Verhalten der Arbeitnehmer gestellt werden. Die Befolgung dieser Regelungen durch die Arbeitnehmer soll die integre Wertschöpfung des Unternehmens sicherstellen.

Rechtlich verpflichtet zur Aufstellung solcher Ethikregeln sind deutsche Unternehmen grundsätzlich nicht. Anders ist dies insbesondere in den USA, wo die gesamte Entwicklung ihren Anfang genommen hat. In den USA statuiert der Sarbanes-Oxley Act (SOA)[2] verbindliche Regeln zur Unternehmensberichterstattung für Unternehmen, die an US-Börsen gelistet sind bzw. gelistet werden möchten.[3] Die Verpflichtungen des SOA gelten auch für ausländische Unternehmen (bspw. deutsche Unternehmen), deren Aktien an amerikanischen Börsen gehandelt werden.[4] So müssen berichterstattungspflichtige Unternehmen nach section 406 SOA der amerikanischen Börsenaufsichtsbehörde angeben, ob sie einen Kodex ethischer Grundsätze für ihre leitenden Angestellten aus dem Bereich Geschäftsleitung und Finanzen anwenden. Wenden sie einen solchen Kodex nicht an, muss auch dies gemeldet werden und darüber hinaus die Nichtanwendung begründet werden. Auch die New Yorker Börse verlangt die Existenz eines unternehmensinternen "code of business conduct and ethics" mit Geltung für alle Mitarbeiter des Unternehmens,[5] welcher Regelungen zur Verhinderung von Interessenkonflikten, zur Verschwiegenheitspflicht, zu fairem Geschäftsgebaren, zum Eigentumsschutz, zur Verpflichtung der Mitarbeiter auf gesetzeskonformes Verhalten sowie zur Ermutigung der Mitarbeiter, Gesetzesverstöße und Verstöße gegen den Kodex zu melden, beinhaltet.[6] Zwar handelt es hierbei um eine interne Regelung der New York Stock Exchange (NYSE, New Yorker Wertpapierbörse), doch gilt sie für jedes Unternehmen, dessen Aktien an der New Yorker Börse gehandelt werden sollen. Damit trifft diese Regelung auch große deutsche Aktiengesellschaften, deren Aktien an der New Yorker Börse handelbar sein sollen.

Diese Entwicklung führte in Deutschland zu ersten gerichtlichen Entscheidungen, die solche Ethikregelung zum Gegenstand hatten. Gestritten wurde zumeist

---

[2] Gesetzestext abrufbar unter http://thomas.loc.gov.
[3] Vgl. zum Inhalt des SOA *Reiter*, RIW 2005, 168; *Strauch*, NZG 2003, 952.
[4] *Kersting*, ZIP 2003, 233 (235); *Borgmann*, NZA 2003, 352 (353); *Meyer*, NJW 2006, 3605 (3606).
[5] Diese Pflicht ergibt sich aus Section 303A des New York Stock Exchange's Listed Company Manual (NYSELCM).
[6] *Meyer*, NJW 2006, 3605 (3606).

über die Reichweite der Mitbestimmungsrechte des Betriebsrats bei solchen Ethikregeln. So wurden etwa die Ethikrichtlinien eines amerikanischen Lebensmittelkonzerns von der deutschen Arbeitsgerichtsbarkeit der betrieblichen Mitbestimmung unterworfen sowie teilweise für unwirksam erklärt.[7]

In Deutschland normieren lediglich einzelne Spezialgesetze für bestimmte Wirtschaftsbereiche Pflichten für Unternehmen, interne Verhaltensstandards zu schaffen. Im Bereich des Wertpapierhandels und des Kreditwesens ist neben § 25a Abs. 1 KWG vor allem § 33 Abs. 1 Satz 2 Nr. 1 WpHG zu nennen, wonach ausdrücklich die Einrichtung einer dauerhaften und wirksamen Compliance-Funktion gefordert ist. Diese Spezialvorschriften verlangen eine interne Geschäftsorganisation, die die Einhaltung der maßgeblichen gesetzlichen Bestimmungen sichert.

Auch der Erlass des Deutschen Corporate Governance Kodex[8] hat zu einer stärkeren Sensibilisierung der Öffentlichkeit bezüglich Managementhaftung und Managementverantwortung geführt.[9] Dieser verpflichtet zwar nicht zur Einführung unternehmensinterner Ethikregeln, doch hat der Vorstand einer Aktiengesellschaft nach Ziff. 4.1.3 des Deutschen Corporate Governance Kodex für die Einhaltung der gesetzlichen Bestimmungen und der unternehmensinternen Richtlinien zu sorgen und auf deren Beachtung durch die Konzernunternehmen hinzuwirken (Compliance). Der Deutsche Corporate Governance Kodex besitzt

---

[7] Vgl. LAG Düsseldorf v. 14.11.2005 – 10 TaBV 46/05, NZA-RR 2006, 81 ("Wal-Mart") sowie die Vorinstanz ArbG Wuppertal, Beschluss vom 15.06.2005 – NZA-RR 2005, 476; siehe aber auch BAG v. 22.07.2008 – 1 ABR 40/07, NJW 2008, 3731 ("Honeywell-Beschluss") und BAG v. 17.05.2011 – 1 ABR 121/09 (juris).
[8] Der Deutsche Corporate Governance Kodex wurde erstmals am 26. Februar 2002 von der vom Bundesministerium für Justiz im September 2001 eingesetzten Regierungskommission verabschiedet.
[9] *Mengel/Hagemeister,* BB 2006, 2466; vgl. zur Corporate Compliance als Standard guter Unternehmensführung des Deutschen Corporate Governance Kodex auch *Bürkle,* BB 2007, 1797.

allerdings keinen Normcharakter. Vorstand und Aufsichtsrat einer börsennotierten oder sonst zum Handel am regulierten Markt zugelassenen Aktiengesellschaft sind aber verpflichtet, jährlich zu erklären, ob dem Deutschen Corporate Governance Kodex entsprochen wurde und wird und welche Bestimmungen nicht angewendet wurden oder werden, und warum nicht (§ 161 Abs. 1 AktG). Diese Entsprechenserklärung ist auf der Internetseite der Gesellschaft dauerhaft öffentlich zugänglich zu machen.

Im Zusammenhang mit Compliance ist zuletzt an § 130 OWiG zu erinnern. Danach handelt der Inhaber eines Betriebs oder Unternehmens ordnungswidrig, wenn er vorsätzlich oder fahrlässig die Aufsichtsmaßnahmen unterlässt, die erforderlich sind, um in dem Betrieb oder Unternehmen Zuwiderhandlungen gegen Pflichten zu verhindern, die den Inhaber treffen und deren Verletzung mit Strafe oder Geldbuße bedroht ist, wenn eine solche Zuwiderhandlung begangen wird, die durch gehörige Aufsicht verhindert oder wesentlich erschwert worden wäre. Diese Norm verdeutlicht, dass Unternehmer für entsprechendes Fehlverhalten auch persönlich haftbar gemacht werden können, indem Bußgelder festgesetzt werden.[10]

Die Rechtsprechung dehnt das Haftungsrisiko über Ordnungswidrigkeiten hinaus zu einer strafrechtlichen Verantwortlichkeit von Personen aus, die innerhalb der Compliance-Organisation tätig sind. Jüngst entschied der *BGH*, dass den sog. Compliance Officer (CO)[11] im Unternehmen eine strafrechtlich relevante Garantenpflicht aus (arbeits-) vertraglicher Übernahme i. S. d. § 13 Abs. 1 StGB trifft,

---

[10] Vertiefend zu strafrechtlichen Aspekten der Compliance-Diskussion vgl. *Bock,* ZIS 2009, 68 ff.
[11] Als Compliance Officer (oder auch Compliance Beauftragter) werden Mitarbeiter bezeichnet, denen die Compliance Aufgaben im Unternehmen zugewiesen werden. Sie erstellen Unternehmens- und Konzernrichtlinien zur Compliance, schriftliche Informationen der Arbeitnehmer über Compliance-Richtlinien und führen Schulungen durch. Zudem nehmen sie u. U. Meldungen über Verstöße gegen Compliance-Richtlinien entgegen.

im Zusammenhang mit der Tätigkeit des Unternehmens stehende Straftaten zu verhindern.[12] Auch in arbeitsrechtlicher Hinsicht können Compliance-Verstöße Konsequenzen haben. So hatte das ArbG Berlin etwa über eine Kündigungsschutzklage einer Arbeitnehmerin im Vorstandsressort Compliance zu befinden, die wegen – nach Ansicht des Arbeitgebers – rechtswidriger Überwachungsmaßnahmen und Datenabgleichen zu Lasten anderer Arbeitnehmer gekündigt worden war.[13]

Diese Entwicklung zeigt, dass auch den handelnden Personen innerhalb einer Compliance-Organisation persönliche Konsequenzen drohen können. Zwar verlangt keine der Normen ausdrücklich die Einführung eines unternehmensweit geltenden Verhaltenskodex, doch nehmen Sensibilität von Gesetzgeber und Rechtsprechung für eine Unternehmensführung im Einklang mit den Gesetzen zu.

Diese gestiegene Sensibilität kommt in der zunehmenden Verbreitung von Ethikrichtlinien und Compliance-Programmen in den Unternehmen zum Ausdruck. Zwar verfügten bereits im Jahr 2008 61 % der deutschen Unternehmen über ethische Richtlinien. Im Jahr 2016 haben jedoch bereits 76 % der Unternehmen haben ein Compliance-Management-System installiert, wobei die Verbreitung solcher Systeme mit der Größe der Unternehmen zunimmt. So finden sich

---

Dabei sind die Aufgaben der Compliance Officers im Einzelnen von Unternehmen zu Unternehmen unterschiedlich ausgestaltet.

[12] Vgl. BGH v. 17.07.2009 – 5 StR 394/08, NJW 2009, 3173 (3175); vgl. ausführlich zu den Voraussetzungen der wirksamen Delegation der Haftungsrisiken von der Geschäftsführung auf einen Compliance Officer sowie zu dessen arbeitsrechtlicher Stellung *Krieger/Günther*, NZA 2010, 367 (368 ff.).

[13] Vgl. ArbG Berlin v. 18.02.2010 – 38 Ca 12879/09, ZIP 2010, 1191.

in 96 % der Unternehmen mit mehr als 10.000 Compliance-Management-Systeme,[14] die zumeist auch Ethikrichtlinien enthalten. Dieser Entwicklung haben sich auch kirchliche Arbeitgeber nicht entzogen. Auch bei diesen lassen sich veröffentliche ethische Regelungen finden. Beispielhaft können hier die "Verhaltensgrundsätze für Mitarbeiterinnen und Mitarbeiter des cts-Verbundes"[15] sowie der "Leitfaden Compliance für das Christliche Jugenddorfwerk Deutschlands e.V."[16] genannt werden.

II. Typische Inhalte von Ethikrichtlinien

Ethikrichtlinien enthalten eine Vielzahl von Verhaltensregeln, wobei inhaltliche Übereinstimmungen zwischen den verschiedenen Regelwerken bestehen.

Häufig enthalten sie zu Beginn eine Verpflichtung der Beschäftigten, die jeweils geltenden Gesetze zu beachten. Darüber hinaus wird mitunter in einer solchen "Generalklausel" auch die Beachtung der für die Branche des Unternehmens maßgeblichen Berufsethik gefordert oder die Beachtung ethischer Maßstäbe bei betrieblichen Tätigkeiten. Eine solche "Generalklausel" dient als grundlegende Weichenstellung für die weiteren Bestimmungen eines solchen Kodex.

Ein weiterer wichtiger "Baustein" von Ethikrichtlinien sind sog. Whistleblowing-Klauseln. Unter dem sog. "Whistleblowing" versteht man kritische Äußerungen, Beschwerden oder Anzeigen von abhängig Beschäftigten über Missstände oder Fehlverhalten bei ihrem Arbeitgeber. Whistleblowing umfasst sowohl Äußerungen, die bei einer internen Stelle vorgebracht werden (sog. internes Whistleblo-

---

[14] "Wirtschaftskriminalität in der analogen und digitalen Wirtschaft 2016"; Studie der PricewaterhouseCoopers AG und der Martin-Luther-Universität Halle-Wittenberg, Februar 2016, S. 54.
[15] Abrufbar unter http://www.cts-mbh.de/data/file/default/1/5013_e440615f26ec4d361906107af4f014bc.pdf.
[16] Abrufbar unter: http://www.cjd.de/ueber-uns/compliance.

wing), als auch solche bei externen Adressaten, wie den Medien oder der Staatsanwaltschaft (sog. externes Whistleblowing). Whistleblowing zeichnet sich weiter dadurch aus, dass der Anzeigeerstatter (der Whistleblower) in die Organisation, bezüglich derer er eine Information weitergibt, eingegliedert ist. Er ist insofern ein "Insider". Gegenstand der Ethikrichtlinien ist typischerweise nicht das vom Arbeitgeber zumeist unerwünschte externe Whistleblowing, sondern Arbeitnehmer sollen zum internen Whistleblowing verpflichtet werden. Demzufolge werden Arbeitnehmer verpflichtet, Verstoße anderer Arbeitnehmer gegen die Ethikregeln zu melden. Bei der Ausgestaltung dieser Meldepflicht unterscheiden sich die Regelungen: Teilweise sind anonyme Anzeigen möglich, teilweise werden diese ausgeschlossen. Auch der Adressat der Anzeige differiert. Die Gestaltungen in der Praxis reichen vom unmittelbaren Vorgesetzten über eine unternehmensinterne Compliance-Stelle, die für alle Anzeigen zuständig ist, bishin zu einer externen Stelle (wie bspw. ein unternehmensexterner Rechtsanwalt). Im Zusammenhang mit Whistleblowing-Klauseln sind auch Verschwiegenheitsklauseln zu sehen. Diese verbieten, betriebsintern erlangte Informationen an Dritte weiterzugeben und stellen insoweit das "Gegenstück" zu den Whistleblowing-Klauseln dar.

Ein weiterer wichtiger Bestandteil von Ethikregeln sind Anordnungen des ethisch korrekten Verhaltens der Mitarbeiter bei auftretenden Interessenkonflikten. Typischerweise wird diesbezüglich eine "Generalklausel" statuiert, die festschreibt, dass Arbeitnehmer bei Erbringung ihrer dienstlichen Tätigkeit nicht in Interessen- oder Loyalitätskonflikte geraten sollten. Bei Vorliegen solcher Fälle werden die Mitarbeiter zumeist zu einer Anzeige des Interessenkonflikts gegenüber dem Arbeitgeber verpflichtet. Diese Pflicht wird teilweise auch auf bloß potentielle Interessenkonflikte erstreckt. Ziel solcher Regelungen ist die Vermeidung jedes "bösen" Anscheins der Korruption im Unternehmen. So wird etwa die Annahme bzw. Hingabe von Geschenken durch die Arbeitnehmer geregelt und etwa auf sozialadäquate Gelegenheitsgeschenke beschränkt.

Zwar enthielten die bisherigen Beispiele nur Verpflichtungen der Arbeitnehmer geregelt, doch sind in den Kodizes üblicherweise auch Klauseln enthalten, die den Schutz der Arbeitnehmer bezwecken. So werden Diskriminierungen und alle Arten der Belästigung von Arbeitnehmern (durch andere Arbeitnehmer) untersagt.

Als Abschluss enthalten die Verhaltensrichtlinien oftmals eine sog. Sanktionsklausel. Diese droht für Fehlverhalten der Arbeitnehmer gegen Bestimmungen aus der Ethikrichtlinie arbeitsrechtliche bzw. disziplinarische Konsequenzen an. Somit wird auch mit der Beendigung des Arbeitsverhältnisses aufgrund eines Verstoßes gegen eine Bestimmung aus der Ethikrichtlinie gedroht. Welche rechtlichen Konsequenzen sich an eine solche Klausel knüpfen, wird nachstehend noch zu thematisieren sein.

Dieser kurze Überblick zeigt, dass diese sog. Ethikrichtlinien bei rechtlicher Betrachtung nicht die eigentliche Arbeitsleistung (Hauptleistung) betreffen, sondern insbesondere typische arbeitsvertragliche Nebenpflichten der Arbeitnehmer im Sinne von § 241 Abs. 2 BGB regeln, wie Anzeigepflichten, Verschwiegenheitspflichten oder dem Verbot der Annahme von Schmiergeldern.

III. Implementierung von Ethikrichtlinien

Alleine die Aufstellung der Ethikbestimmungen hat aus Sicht des Arbeitgebers jedoch noch keinen Mehrwert. Nur wenn eine Ethikrichtlinie wirksam in die Arbeitsverhältnisse implementiert wurde, kann sie ihren Zweck erfüllen, unternehmenseinheitliche (Verhaltens-)Standards mit Geltung für alle Arbeitnehmer zu etablieren. Eine Implementierung in das Arbeitsverhältnis ist erfolgt, wenn die Ethikregelungen wirksam arbeitsrechtliche Pflichten für den individuellen Arbeitnehmer begründen. Dann ist es für den Arbeitgeber möglich, bei Verstößen gegen die Ethikregeln mit arbeitsrechtlichen Maßnahmen (wie etwa Abmahnung oder Kündigung) zu reagieren. Fehlt es dagegen an einer wirksamen Implementierung, ist die Ethikrichtlinie nur ein unverbindliches Leitbild für das Verhalten der Arbeitnehmer, nicht durchsetzbares sog. "soft law".

1. Implementierung durch arbeitgeberseitige Weisung

Gemäß § 106 Satz 1 GewO kann der Arbeitgeber Inhalt, Ort und Zeit der Arbeitsleistung nach billigem Ermessen näher bestimmen, soweit diese Arbeitsbedingungen nicht bereits durch den Arbeitsvertrag, Bestimmungen einer Betriebsvereinbarung, eines anwendbaren Tarifvertrages oder gesetzliche Vorschriften festgelegt sind. Das Weisungsrecht ermöglicht es dem Arbeitgeber, die im Arbeitsvertrag nur rahmenmäßig umschriebene Leistungspflicht nach Zeit, Ort und Art näher zu bestimmen. Dabei kann sich das Weisungsrecht auch auf Ordnung und Verhalten des Arbeitnehmers im Betrieb erstrecken,[17] so dass das arbeitgeberseitige Weisungsrecht grundsätzlich ein geeignetes Instrument ist, um unternehmensinterne Ethikrichtlinien wirksam in ein Arbeitsverhältnis zu implementieren.

a) Grenzen des Weisungsrechts

Dabei müssen arbeitgeberseitige Weisungen grundsätzlich das dienstliche Verhalten der Arbeitnehmer betreffen. Das außerdienstliche Verhalten ist kein tauglicher Regelungsgegenstand. Eine Ausnahme gilt nur, wenn sich außerdienstliches Verhalten auf Verhalten und Ordnung im Betrieb oder auf den Inhalt der Arbeitspflicht auswirkt und sich aus dem Arbeitsvertrag eine Nebenpflicht entnehmen lässt, nachteilige Auswirkungen des außerdienstlichen Verhaltens auf den Betrieb zu vermeiden. Daher kann außerdienstliches Verhalten des Arbeitnehmers nach der Rechtsprechung des Bundesarbeitsgerichts die berechtigten

---

[17] *Preis,* in: Erfurter Kommentar, 17. Auflage 2017, § 106 GewO Rn. 2.

Interessen des Arbeitgebers nur beeinträchtigen, wenn es einen Bezug zur dienstlichen Tätigkeit hat, wenn etwa der Arbeitnehmer die Straftat unter Nutzung von Betriebsmitteln oder betrieblichen Einrichtungen begeht.[18] Dann ist davon auszugehen, dass das außerdienstliche Verhalten sog. innerbetriebliche Folgewirkungen hat und deswegen dem arbeitgeberseitigen Weisungsrecht zugänglich ist.

Bestimmt eine Ethikrichtlinie etwa, dass die Arbeitnehmer nicht mit jemanden ausgehen oder eine Liebesbeziehung eingehen dürfen, der Einfluss auf die Arbeitsbedingungen nehmen kann oder deren Arbeitsbedingungen von der anderen Person beeinflusst werden können,[19] wird vom Arbeitgeber durch die Formulierung der Ethikrichtlinie versucht, innerbetriebliche Folgewirkungen des außerdienstlichen Verhaltens (hier: Ausgehen bzw. Eingehen einer Liebesbeziehung) zu konstruieren. Dies funktioniert aber nicht. Eine solche Ethikregel ist unwirksam. Der Gestaltungsfreiheit des Arbeitgebers sind hier Grenzen gesetzt. Eine solche Regelung verstößt gegen das von Art. 1 Abs. 1 GG i.V.m. Art. 2 Abs. 1 GG gewährleistete allgemeine Persönlichkeitsrecht. Mit einer solchen Regelung greift der Arbeitgeber in den Kernbereich der durch das Persönlichkeitsrecht geschützten freien Persönlichkeitsentfaltung ein, indem der Arbeitnehmer nicht mehr frei entscheiden kann, ob und mit wem er in eine Beziehung tritt (entweder in eine freundschaftlich oder in eine Liebesbeziehung).[20]

Weitere Grenzen für arbeitgeberseitige Weisungen ergeben sich gemäß § 106 Satz 1 GewO aus höherrangigem Recht (insbesondere gesetzlichen Regelungen), aus dem Arbeitsvertrag, aus einer Betriebs- oder Dienstvereinbarung oder aus einem Tarifvertrag. Weisungen, die diese Grenze überschreiten, sind unwirksam.

---

[18] Vgl. BAG v. 28.102010 - 2 AZR 293/09, NZA 2011, 112 (113); *Mengel,* in: Hauschka/Moosmayer/Lösler, Corporate Compliance, 3. Auflage 2016, § 39 Rn. 22 m.w.N.
[19] Vgl. LAG Düsseldorf v. 14.11.2005 – 10 TaBV 46/05, NZA-RR 2006, 81 (Fall Wal-Mart, sog. "Flirt-Verbot").
[20] Vgl. LAG Düsseldorf v. 14.11.2005 – 10 TaBV 46/05, NZA-RR 2006, 81 (87).

Für per Weisungsrecht implementierte Ethikrichtlinien bedeutet dies, dass diese nur wirksam eingeführt sind, wenn sich keine entgegenstehende arbeitsvertragliche, betriebliche, tarifliche oder gesetzliche Regelung findet. Vor der Aufstellung eines Ethikkodex ist also vom Arbeitgeber zu prüfen, ob die Ethikregeln mit höherrangigem Recht in Einklang stehen.

Aber auch wenn diese Grenzen gewahrt werden, ist eine arbeitgeberseitige Weisung nicht ohne weiteres wirksam. Jede arbeitgeberseitige Weisung unterliegt der Schranke des billigen Ermessens (§ 106 Satz 1 HS. 1 GewO. Eine nicht der Billigkeit entsprechende Weisung ist für den Arbeitnehmer unverbindlich.[21] Dabei entspricht eine Weisung billigem Ermessen, wenn die wesentlichen Umstände des Falles abgewogen und die beiderseitigen Interessen angemessen berücksichtigt sind.[22] Diese Formel der Rechtsprechung führt zu einer Einzelfallbetrachtung, so dass die Wirksamkeit einer per Weisungsrecht implementierten Ethikrichtlinie stets im Einzelfall zu beurteilen ist.

b) Rechtsfolgen bei Überschreitung der Grenzen des Weisungsrechts

Versucht der Arbeitgeber eine Ethikrichtlinie mittels Weisungsrecht zu implementieren und überschreitet er dabei eine der zuvor genannten Grenzen des Weisungsrechts, hängt die Rechtsfolge nach der Rechtsprechung davon ab, welche Grenze des Weisungsrechts verletzt wurde. Verstößt die Weisung bspw. gegen eine gesetzliche Regelung, ist sie ohne weiteres unwirksam und der Arbeitgeber muss nicht danach handeln. Ist die Weisung hingegen (nur) unbillig, d.h. wurde das billige Ermessen nicht gewahrt, geht das Bundesarbeitsgericht davon aus, dass der Arbeitnehmer an eine Weisung des Arbeitgebers, die nicht aus sonstigen

---

[21] Vgl. *Lembke,* in: Henssler/Willemsen/Kalb, Arbeitsrecht Kommentar, 7. Auflage 2016, § 106 GewO Rn. 116.
[22] St. Rspr., vgl. nur BAG v. 23.09.2004 - 6 AZR 567/03, NZA 2005, 359 (361); BAG v. 13.03.2003 - 6 AZR 557/01, NZA 2004, 735 (737).

Gründen unwirksam ist, vorläufig gebunden ist, bis durch ein rechtskräftiges Urteil gemäß § 315 Abs. 3 Satz 2 BGB die Unverbindlichkeit der Leistungsbestimmung festgestellt werde. Grund sei die das Arbeitsverhältnis prägende Weisungsgebundenheit des Arbeitnehmers.[23] Gegen diese Rechtsprechung wird in der Literatur opponiert. Es wird vertreten, dass der Arbeitnehmer die unbilligen Weisungen nicht zu befolgen brauche. Eine unbillige Weisung sei zumindest "unverbindlich", wie schon der Wortlaut von § 315 Abs. 3 Satz 2 BGB zeige.[24] Für die Praxis ist die Rechtsprechung maßgeblich. Arbeitnehmer gehen daher ein Risiko ein, wenn sie eine per Weisungsrecht implementierte Ethikregel nicht befolgen (wegen einer angeblichen Überschreitung der Grenzen des Weisungsrechts). Vielmehr sollte die Wirksamkeit der Ethikklausel arbeitsrechtlich geklärt werden, bevor der Arbeitnehmer die Befolgung verweigert. Denn sollte die Rechtsansicht des Arbeitnehmers nicht zutreffen, riskiert er eine dann wirksame Abmahnung oder sogar Kündigung wegen der Missachtung der wirksamen Ethikregel (hierzu im Folgenden).

Aufgrund der gebotenen Einzelbetrachtung jeder Klausel wirkt sich die Unwirksamkeit einer Ethikregel nicht unmittelbar auf die rechtliche Verbindlichkeit der übrigen Klauseln des Kodex aus. Sollten diese die Grenzen des Weisungsrechts wahren, sind sie mit Zugang des Kodex für die betroffenen Arbeitnehmer rechtlich verbindlich.

c) Mittels Weisungsrecht implementierbare Ethikregeln

Zahlreiche Regelungen, die sich typischerweise in unternehmensinternen Ethikkodizes finden, können grundsätzlich durch Ausübung des arbeitgeberseitigen

---

[23] BAG v. 22.02.2012 – 5 AZR 249/11, NZA 2012, 858.
[24] Vgl. *Preis*, in: Erfurter Kommentar, 17. Auflage 2017, § 106 GewO Rn. 7a; *Boemke*, NZA 2013, 6 m.w.N.

Weisungsrechts implementiert werden. Nachstehend werden einige Beispiele genannt:

aa) Whistleblowing-Klausel

Es ist anerkannt, dass Arbeitnehmer anlassbezogen verpflichtet sind, dem Arbeitgeber drohende Schäden anzuzeigen.[25] Diese Pflicht besteht unabhängig von der hierarchischen Stellung des Arbeitnehmers im Unternehmen und kann durch eine Weisung etwa dahingehend konkretisiert werden, dass durch den Arbeitgeber die Art und Weise der Abgabe solcher Meldungen vorgegeben und bspw. die Nutzung einer Whistleblowing-Hotline angeordnet wird. Zu bedenken ist aber, dass diese Möglichkeit nur in Bezug auf Schadensfälle besteht. Eine Pflicht zur Anzeige eines kodexwidrigen Verhaltens eines Kollegen besteht daher nur, wenn dem Arbeitgeber durch das betreffende kodexwidrige Verhalten ein Schaden droht. Dies schränkt den Anwendungsbereich eines per Weisungsrecht implementierten Whistleblowing-Systems ein, da dem Arbeitgeber nicht bei jedem kodexwidrigen Verhalten ein Schaden drohen dürfte. Im Ergebnis kann die Pflicht zur Anzeigeerstattung innerhalb eines Whistleblowing-System per Weisungsrecht nur insoweit eingeführt werden, als dadurch dem Arbeitgeber drohenden Schädigungen verhindert werden können.[26] Stellt der Arbeitgeber ein Whistleblowing-System zur Verfügung bleiben freiwillige Anzeigen durch die Arbeitnehmer hiervon unberührt. Allerdings sind die Arbeitnehmer in ihrer Entscheidung frei, ob sie eine entsprechende Anzeige erstatten. Es besteht außerhalb drohender Schäden keine Anzeigepflicht.

---

[25] Vgl. etwa *Schneider*, Die arbeitsrechtliche Implementierung von Compliance- und Ethikrichtlinien, Baden-Baden 2009, S. 106; *Thüsing*, in: Henssler/Willemsen/Kalb, Arbeitsrecht Kommentar, 7. Auflage 2016, § 611 BGB Rn. 386.
[26] In diesem Sinne auch *Reichold,* in: Festschrift für Jobst-Hubertus Bauer, 2010, S. 854.

bb) Verschwiegenheitspflichten

Auch Verschwiegenheitspflichten können durch arbeitgeberseitige Weisungen konkretisiert werden. Arbeitnehmer können zur Verschwiegenheit über alle betrieblichen Vorgänge angewiesen werden, an denen der Arbeitgeber ein berechtigtes Geheimhaltungsinteresse hat und die er als geheim zu halten bezeichnet. Äußerungen der Arbeitnehmer in der Öffentlichkeit, gegenüber Medien und Behörden (etwa über Missstände im Unternehmen) können in begrenztem Maße reglementiert werden, wenn sie Rechtsverstöße im Unternehmen zum Gegenstand haben. Allerdings darf der Arbeitgeber nicht darauf vertrauen, wegen eines gesetzwidrigen Verhaltens nicht angezeigt zu werden. Mit einer nicht wissentlich unwahren oder leichtfertig falschen Anzeige einer Straftat verletzt der Arbeitnehmer (auch aus rechtsstaatlichen Gesichtspunkten) nicht seine Rücksichtnahmepflicht gegenüber dem Arbeitgeber. Dem Arbeitnehmer darf kein Nachteil daraus entstehen, dass er seine staatsbürgerlichen Pflichten erfüllt, z.B. eine Zeugenaussage bei der Staatsanwaltschaft macht.[27] Allerdings kann der Arbeitgeber die Arbeitnehmer grundsätzlich anweisen, von einer externen Meldung innerbetriebliche Abhilfe (z.B. über eine eingerichtete Whistleblowing-Hotline) zu versuchen, sofern ein vorrangiger innerbetrieblicher Abhilfeversuch im Einzelfall nicht unzumutbar ist (etwa weil eine innerbetriebliche Abhilfe nicht zu erwarten ist, da der Arbeitgeber den betreffenden Missstand vorsätzlich verursacht hat[28]). Grundsätzlich können Anzeigen gegenüber Privaten (z.B. Medien) wohl weitergehender unterbunden werden als Anzeigen gegenüber staatlichen Stellen.

---

[27] EGMR v. 21.07.2011 - 28274/08, NZA 2011, 1269; BAG v. 07.12.2006 – 2 AZR 400/05, NZA 2007, 502; *Preis,* in: Erfurter Kommentar, 17. Auflage 2017, § 611 BGB Rn. 716.
[28] Vgl. BAG v. 07.12.2006 – 2 AZR 400/05, NZA 2007, 502.

cc) Regelungen zur Zulässigkeit von Nebentätigkeiten

Ein Verbot jeglicher Nebentätigkeit per Weisung des Arbeitgebers ist nicht möglich, da ein solches nicht einmal einzelvertraglich vereinbart werden kann.[29] Auch ein Erlaubnisvorbehalt für Nebentätigkeiten kann nach Ansicht des Bundesarbeitsgerichts nicht durch das Weisungsrecht konstituiert werden, da das Weisungsrecht für die damit einhergehende Beschränkung der allgemeine Handlungs- und Berufsfreiheit der Arbeitnehmer keine ausreichende Rechtsgrundlage darstellt.[30] Damit sind nur partielle Weisungen zu Nebentätigkeiten zulässig, solange eine entsprechende Schutzpflicht des Arbeitnehmers besteht. So unterliegt jeder Arbeitnehmer während der Dauer des Arbeitsverhältnisses einem Wettbewerbsverbot (§ 60 HGB). Zudem kann eine anlassbezogene Anzeigepflicht im Fall der drohenden Schädigung des (Haupt-) Arbeitgebers durch die Nebentätigkeit mittels Weisungsrecht implementiert werden.

dd) Regelungen zur Annahme von Geschenken ("Korruptionsbekämpfung")

Den Arbeitnehmer trifft aufgrund seines Arbeitsverhältnisses die Pflicht, die Annahme geldwerter Vorteile, durch die seine Tätigkeit von Dritten beeinflusst oder

---

[29] BAG v. 11.12.2001 – 9 AZR 464/00, NZA 2002, 965 (967); auch bei BAG v. 26.06.2001, NZA 2002, 98 ff., bezieht sich das (tarifliche) Nebentätigkeitsverbot nur auf bestimmte Tätigkeiten; vgl. auch *Schneider*, Die arbeitsrechtliche Implementierung von Compliance- und Ethikrichtlinien, Baden-Baden 2009, S. 121, wonach sich keine arbeitsvertragliche Pflicht finde, sämtliche Nebentätigkeiten zu unterlassen.

[30] BAG v. 28.05.2002 – 1 ABR 32/01, NZA 2003, 167 f., zu beachten ist aber, dass diese Aussage des *BAG* obiter dictum erfolgte; i. d. S. auch *Preis,* in: Erfurter Kommentar, 17. Auflage 2017, § 611 BGB Rn. 728.

eine solche Tätigkeit nachträglich belohnt werden soll, zu unterlassen.[31] Ein entsprechendes "Schmiergeldverbot" in einer Ethikrichtlinie kann daher grundsätzlich per Weisungsrecht implementiert werden.

2. Individualvertragliche Implementierung von Ethikrichtlinien

a) Einbeziehung in das Arbeitsverhältnis

Ein unternehmenseinheitlicher Ethikkodex kann auch durch individualvertragliche Vereinbarung in das Arbeitsverhältnis implementiert werden. Dabei bestehen zwei Gestaltungsmöglichkeiten. Entweder es erfolgt eine ausdrückliche Aufnahme der Ethikrichtlinie in den Vertragstext oder es wird mittels Bezugnahmeklausel auf einen bestehenden Ethikkodex verwiesen. In der Praxis ist die zweite Möglichkeit verbreiteter, da dies verhindert, dass die oftmals ohnehin ausführlichen Arbeitsvertragsdokumente durch die Aufnahme des Ethikkodex nicht noch weiter "aufgebläht" werden.

Weiter ist zwischen der Einbeziehung in neu abzuschließende Arbeitsverträge und der Einbeziehung in bereits laufende Arbeitsverhältnisse zu unterscheiden. Bei neu einzustellenden Arbeitnehmern können schlicht bestehende Arbeitsvertragsmuster angepasst werden und um die Ethikrichtlinie bzw. eine Verweisung hierauf ergänzt werden. Bei (Bestands-)Arbeitsverhältnissen, die bei Einführung des unternehmensinternen Ethikkodex schon begründet sind, kann der Einbezug von Ethikrichtlinien durch eine Ergänzungsvereinbarung zum Arbeitsvertrag erfolgen.[32] Das Zustandekommen eines solchen Änderungsvertrags richtet sich nach §§ 145 ff. BGB und setzt mithin Angebot und Annahme voraus. Das Angebot des Arbeitgebers muss vom Arbeitnehmer (ausdrücklich oder konkludent)

---

[31] *Thüsing*, in: Henssler/Willemsen/Kalb, Arbeitsrecht Kommentar, 7. Auflage 2016, § 611 BGB Rn. 364.
[32] Vgl. auch *Borgmann*, NZA 2003, 352 (354); *Mengel/Hagemeister*, BB 2007, 1386 (1390).

angenommen werden. Eine Zustimmungspflicht besteht nicht.[33] Bei Vorliegen einer entsprechenden Annahmeerklärung kommt zwischen Arbeitgeber und Arbeitnehmer ein gültiger Änderungsvertrag mit dem Inhalt der Ethikrichtlinie zustande.

b)   Grenzen für individualvertraglich implementierte Ethikregeln

Bei der individualvertraglichen Implementierung von Ethikrichtlinien setzen die Normen des Rechts der Allgemeinen Geschäftsbedingungen[34] (§§ 305 ff. BGB), Grenzen. Unternehmensinterne Ethikrichtlinien sind vom Arbeitgeber vorformulierte Arbeitsvertragsbedingungen, die der Arbeitgeber einseitig gegenüber dem Arbeitnehmer stellt. Es handelt sich daher stets um AGB im Sinne von § 305 Abs. 1 Satz 1 BGB. Diese werden durch eine entsprechende Einigung der Arbeitsvertragsparteien in den Arbeitsvertrag einbezogen.

Allerdings findet in einem Arbeitsverhältnis eine Ethikregel keine Anwendung, wenn der entsprechende Regelungsgegenstand durch eine individuelle Vereinbarung zwischen Arbeitgeber und Arbeitnehmer anderweitig geregelt ist. Solche Individualabreden genießen gemäß § 305b BGB stets Vorrang vor AGB. Abweichende Individualabreden sind auch vorrangig, wenn sie nachträglich (nach Vertragsschluss) getroffen werden.[35] Folglich kann ein vertraglich einbezogener Ethikkodex jederzeit individuell zwischen Arbeitgeber und Arbeitnehmer abgeändert werden. Tatsächlich dürfte in der Praxis eine abweichende Individualabrede aber kaum vorkommen. Der Arbeitgeber kann, um die unternehmenseinheitliche Geltung seiner Ethikrichtlinie zu gewährleisten, einzelnen Arbeitnehmern im Rahmen der Reglungen der Richtlinie keine vertraglichen (Sonder-)Konzessionen machen.

---

[33] *Borgmann,* NZA 2003, 352 (354).
[34] Im Folgenden: AGB.
[35] *Basedow,* in: MüKoBGB, 7. Auflage 2016, § 305b Rn. 5; *Gotthardt,* in: Henssler/Willemsen/Kalb, Arbeitsrecht Kommentar, 7. Auflage 2016, § 305b BGB Rn. 2.

Eine weitere Grenze bildet das Verbot überraschender Klauseln in AGB. Beinhalten die Regelungen überraschende Klauseln, steht deren Einbeziehung § 305c Abs. 1 BGB entgegen. Klauseln, die objektiv ungewöhnlich sind und mit denen der Arbeitnehmer vernünftigerweise nicht zu rechnen brauchte (subjektives Überraschungsmoment), werden nicht Vertragsbestandteil.[36] Bei dieser Beurteilung sind der Grad der Abweichung vom dispositiven Gesetzesrecht und die für den Geschäftskreis übliche Gestaltung einerseits, der Gang und Inhalt der Vertragsverhandlungen sowie der äußere Zuschnitt des Vertrags andererseits mit einzubeziehen.[37] Danach kann aber die Aufnahme eines Ethikkodex in den Arbeitsvertrag für sich genommen nicht als überraschend qualifiziert werden. Der Arbeitnehmer hat damit zu rechnen, dass sein Arbeitgeber seine Vorstellungen bezüglich des Arbeitnehmerverhaltens umzusetzen versucht.[38] Daher ist bezüglich jeder Klausel zu prüfen, ob diese objektiv ungewöhnlich und subjektiv überraschend für den einzelnen Arbeitnehmer ist. Eine solche objektive Ungewöhnlichkeit und subjektive Überraschung ist für die "Flirtverbot-Klausel" der *Wal-Mart*-Ethikrichtlinie[39] anzuerkennen. Ihre vertragliche Implementierung würde (auch) an § 305c Abs. 1 BGB scheitern.[40] Eine Ungewöhnlichkeit aus formalen Gründen könnte darin liegen, dass einzelne Klauseln der Ethikrichtlinie an ungewöhnlichen Stellen im Vertragsdokument untergebracht sind, wo der Arbeitnehmer mit diesen auch nicht zu rechnen braucht. So ist die Integration von

---

[36] Vgl. BAG v. 14.08.2007 – 8 AZR 973/06, NJW 2008, 458 (459); *Preis,* NZA Beilage 3/2006, 115 (116).
[37] BAG v. 31.08.2005 – 5 AZR 545/04, NZA 2006, 324 (328); *Preis,* in: ErfK zum Arbeitsrecht, 17. Auflage 2017, § 310 BGB Rn. 29.
[38] Hierzu auch *Boldt*, Ethikregeln als verbindlicher Verhaltensmaßstab für die Arbeitsverhältnisse in deutschen Unternehmen, Frankfurt am Main, 2008, S. 103 f..
[39] Das sog. "Flirtverbot" war Bestandteil der Ethikrichtlinie von *Wal-Mart*; vgl. hierzu LAG Düsseldorf, Beschluss vom, 14.11.2005 – 10 TaBV 46/05, NZA-RR 2006, 81 ff.
[40] So auch *Willemsen*, Einführung und Inhaltskontrolle von Ethikrichtlinien, Freiburg, 2009, S. 127 ff.

Ethikregeln in die "Schlussbestimmungen" eines Vertrages ohne drucktechnische Hervorhebung schon aus formalen Gründen überraschend.[41]

Enthält ein unternehmensinterner Ethikkodex keine überraschenden Klauseln in diesem Sinne, ist zu prüfen, ob die einzelnen Regelungen des Kodex der sog. Inhaltskontrolle gemäß §§ 307 ff. BGB standhalten. Danach unterliegen sämtliche Ethikregelungen, die individualvertraglich implementiert werden sollen und von einer gesetzlichen, betrieblichen oder einer tariflichen Regelung (vgl. § 307 Abs. 3 Satz 1 BGB) abweichen, der sog. Inhaltskontrolle. Auch für die Ethikregeln kirchlicher Arbeitgeber findet die Inhaltskontrolle vollumfänglich Anwendung, da die Ethikregelungen kirchlicher Arbeitgeber nicht mit kirchlichen Arbeitsvertragsbedingungen gleichzusetzen sind. Für kirchliche Arbeitsvertragsbedingungen, d.h. für Regelwerke, in denen die Arbeitsbedingungen der in kirchlichen und karitativen Einrichtungen beschäftigten Arbeitnehmer geregelt sind, gilt nach der Rechtsprechung ein verminderter Kontrollmaßstab. So sind für die Inhaltskontrolle kirchlicher Arbeitsvertragsrichtlinien die für Tarifverträge anzuwendenden Maßstäbe heranzuziehen, zumindest soweit in den Arbeitsvertragsrichtlinien die entsprechenden Tarifvertragsregelungen des öffentlichen Diensts für gleich gelagerte Sachbereiche ganz oder mit im wesentlichen gleichen Inhalten übernommen werden, die dann kraft arbeitsvertraglicher Vereinbarung für das einzelne Arbeitsverhältnis gelten.[42] Das Bundesarbeitsgericht begründet dies damit, dass die materielle Richtigkeitsgewähr tarifvertraglicher Regelungen nicht primär darauf beruhe, dass den Tarifvertragsparteien das Mittel des Arbeitskampfs zur Verfügung stünde, sondern darauf, dass sie als gleichgewichtig durchsetzungsfähig angesehen würden. Diese Voraussetzung sei innerhalb der

---

[41] In diesem Sinne vgl. auch BAG, Urteil vom 31.08.2005 – 5 AZR 545/04, NZA 2006, 324 (326); vgl. zur Überraschung des Arbeitnehmers aufgrund des äußeren Erscheinungsbildes des Regelwerkes bzw. der vertraglichen Gestaltung auch *Willemsen*, Einführung und Inhaltskontrolle von Ethikrichtlinien, Freiburg, 2009, S. 130 f.
[42] BAG v. 17.11.2005 – 6 AZR 160/05, NZA 2006, 872.

arbeitsrechtlichen Kommissionen bei den Kirchen gegeben. Deren paritätische Besetzung und die Weisungsunabhängigkeit ihrer Mitglieder gewährleisteten, dass keine der beiden Seiten das Übergewicht erreichen könne. Zudem ergebe sich die Richtigkeitsgewähr der kirchlichen Arbeitsvertragsrichtlinien mittelbar, soweit diese einschlägige tarifvertragliche Regelungen übernähmen.[43] An diesen Voraussetzungen fehlt es bei Ethikregelungen kirchlicher Arbeitgeber jedoch. So sind an deren Entstehung im Regelfall paritätisch mit Arbeitgeber- und Arbeitnehmervertretern besetzte Kommissionen beteiligt, sondern diese Ethikregelungen werden ausschließlich vom Arbeitgeber gestellt. Zudem werden im Regelfall nicht tarifliche Regelungen in unternehmensinternen Ethikkodizes übernommen.

Unterliegen unternehmensinterne Ethikkodizes (auch solche kirchlicher Arbeitgeber) damit der Inhaltskontrolle, bedeutet dies, dass individualvertraglich implementierte Ethikbestimmungen unwirksam sind, wenn Arbeitnehmer durch sie entgegen der Gebote von Treu und Glauben unangemessen benachteiligt werden (§ 307 Abs. 1 BGB). Dabei benachteiligt eine formularmäßige Vertragsbestimmung (wie eine Ethikregel) den Arbeitnehmer unangemessen, wenn der Verwender, d.h. der Arbeitgeber, durch einseitige Vertragsgestaltung missbräuchlich eigene Interessen auf Kosten seines Vertragspartners, d.h. des Arbeitnehmers, durchzusetzen versucht, ohne von vorneherein auch dessen Belange hinreichend zu berücksichtigen und ihm einen angemessenen Ausgleich zu gewähren.[44]

Halten einzelne Klauseln einer Ethikrichtlinie der Inhaltskontrolle nicht stand, sind sie unwirksam und entfalten keine Geltung im Arbeitsverhältnis. Unwirksame Klauseln können insbesondere nicht auf ein gerade noch zulässiges Maß

---

[43] BAG v. 17.11.2005 – 6 AZR 160/05, NZA 2006, 872 (874).
[44] St. Rspr., vgl. nur BAG v. 11.04.2006 – 9 AZR 557/05, NZA 2006, 1149 (1151); BAG v. 11.04.2006 – 9 AZR 610/05, NZA 2006, 1042 (1044 f.); BAG v. 20.05.2008 – 9 AZR 382/07, BB 2008, 2242 f.

zurückgeführt werden. Eine solche geltungserhaltende Reduktion ist gemäß § 306 Abs. 2 BGB unzulässig. Mithin fällt eine unwirksame Ethikregel ersatzlos weg und der Inhalt des Arbeitsvertrags richtet sich an dieser Stelle nach den gesetzlichen Vorschriften. Bei Ethikregeln, die insbesondere vertragliche Nebenpflichten in Gestalt der Schutz- und Obhutspflichten zum Gegenstand haben, ist auf § 241 Abs. 2 BGB als gesetzliche Grundlage zurückzugreifen. Die übrigen, der Inhaltskontrolle standhaltenden Ethikklauseln bleiben gemäß § 306 Abs. 1 BGB (in Abweichung von § 139 BGB) wirksam und werden in das einzelne Arbeitsverhältnis implementiert.

3. Beteiligung des Betriebsrats bzw. der Mitarbeitervertretung

Bei der Implementierung von Ethikrichtlinien ist im weltlichen Bereich das Betriebsverfassungsrecht bzw. im kirchlichen Bereich das Mitarbeitervertretungsrecht zu berücksichtigen. So sind im weltlichen Bereich die Mitbestimmungsrechte des Betriebsrats zu achten und im kirchlichen Bereich die Mitwirkungsrechte der Mitarbeitervertretung.

a) Mitbestimmungsrechte des Betriebsrats / Mitwirkungsrechte der Mitarbeitervereinbarung

Zunächst ist festzuhalten, dass von der Rechtsprechung geklärt ist, dass die Einführung eines Ethikkodex weder gänzlich mitbestimmungspflichtig noch gänzlich mitbestimmungsfrei ist. Die Mitbestimmungspflicht ist vielmehr für jede einzelne Klausel zu beantworten. Die zufällige Zusammenfassung einzelner Verhaltenspflichten und sonstiger Regelungen zu einem Ethikkodex gibt keinen Anlass von der Einzelfallbeurteilung abzurücken.[45] Im Übrigen ist unerheblich, mit welcher arbeitsrechtlichen Maßnahme die Ethikrichtlinie implementiert wird. Besteht ein Mitbestimmungsrecht, greift dieses nicht nur hinsichtlich einseitiger

---

[45] BAG v. 22.07.2008 – 1 ABR 40/07, NZA 2008, 1248 (1253); *Wisskirchen/Jordan/Bissels*, DB 2005, 2190 (2191).

Weisungen des Arbeitgebers, sondern auch bei vertraglichen Einheitsregelungen, die einem Koordinationsinteresse des Arbeitgebers dienen.[46] Wird das Mitbestimmungsrecht des Betriebsrats nach § 87 BetrVG nicht gewahrt, ist die fragliche Maßnahme unwirksam (Theorie der Wirksamkeitsvoraussetzung).[47]

Bei einer Implementierung einer Ethikrichtlinie im weltlichen Bereich ist insbesondere das zwingende Mitbestimmungsrecht des Betriebsrats gemäß § 87 Abs. 1 Nr. 1 BetrVG (Fragen der Ordnung des Betriebs und des Verhaltens der Arbeitnehmer im Betrieb) zu achten. Nach der hergebrachten Differenzierung sind solche Maßnahmen des Arbeitgebers, die das Arbeitsverhalten der Arbeitnehmer betreffen, mitbestimmungsfrei. Soweit die Ethikregeln bestimmen, welche Arbeiten und in welcher Art und Weise diese auszuführen sind, mit denen die Arbeitspflicht demnach unmittelbar konkretisiert wird, sind sie mitbestimmungsfrei. Mitbestimmungspflichtig nach § 87 Abs. 1 Nr. 1 BetrVG ist das Ordnungsverhalten der Arbeitnehmer, also Anordnungen, die das sonstige Verhalten der Arbeitnehmer koordinieren sollen.[48] Nach dieser Dogmatik unterfallen dem Mitbestimmungsrecht insbesondere eine Whisteblowing-Klausel und sonstige standardisierte Anzeigepflichten und Verfahrensregelungen. Dem mitbestimmungsfreien Arbeitsverhalten unterfallen dagegen bspw. Verschwiegenheitsklauseln.[49]

Auch im kirchlichen Bereich kommen bei Regelungen, die das Ordnungsverhalten der Mitarbeiter betreffen, Mitwirkungsrechte der Mitarbeitervertretung in Betracht. Im evangelischen Bereich ergibt sich ein Mitbestimmungsrecht bei Regelungen der Ordnung in der Dienststelle (Haus- und Betriebsordnungen und

---

[46] BAG v. 28. 5. 2002 – 1 ABR 32/01, NZA 2003, 166, *Meyer*, NJW 2006, 3605 (3609).
[47] Vgl. BAG (Großer Senat) v. 03.12.1991 – GS 2/90, AP BetrVG 1972 § 87 Lohngestaltung Nr. 51; *Kania*, in: Erfurter Kommentar., 17. Auflage 2017, § 87 BetrVG Rn. 136 m.w.N.
[48] Vgl. hierzu bspw. BAG v. 28.05.2002 – 1 ABR 32/01, NZA 2003, 166; *Meyer*, NJW 2006, 3605 (3609).
[49] Vgl. umfassend zum Mitbestimmungsrecht hinsichtlich einzelner Ethikklauseln *Rein*, Die individualrechtliche Implementierung einer Ethikrichtlinie mit vorweggenommener Abmahnung, 1. Auflage 2013, S. 194 f.

des Verhaltens der Mitarbeiter und Mitarbeiterinnen im Dienst), § 40 lit. k MVG-EKD. Unterliegt eine Maßnahme der Mitbestimmung der Mitarbeitervertretung, darf sie erst vollzogen werden, wenn die Zustimmung der Mitarbeitervertretung vorliegt oder kirchengerichtlich ersetzt worden ist. Eine der Mitbestimmung unterliegende Maßnahme ist grundsätzlich unwirksam, wenn die Mitarbeitervertretung nicht beteiligt worden ist (vgl. § 38 Abs. 1 Satz 1, 2 MVG-EKD). Im katholischen Bereich sind die Rechte der Mitarbeitervertretung schwächer ausgeprägt. So besteht ein Recht der Mitarbeitervertretung zur Anhörung und Mitberatung bei Regelung der Ordnung in der Einrichtung (z.B. Haus- und Heimordnungen, Dienstordnungen, vgl. bspw. § 29 Abs. 1 Nr. 3 MAVO Rottenburg-Stuttgart), das von einem Vorschlagsrecht der Mitarbeitervertretung flankiert wird (bspw. § 32 Abs. 1 Nr. 3 MAVO Rottenburg-Stuttgart).

b) Implementierung durch Betriebs- oder Dienstvereinbarung

Ausgehend von der Tatsache, dass ein Ethikkodex oftmals (zumindest teilweise) Mitbestimmungsrechte auslöst, kann es sich für den Arbeitgeber im weltlichen Bereich anbieten, den Ethikkodes durch eine Betriebsvereinbarung einzuführen. Dies hat insbesondere den Vorteil der organisatorischen Einfachheit. Eine Betriebsvereinbarung wirkt unmittelbar und zwingend (§ 77 Abs. 4 Satz 1 BetrVG) für die dem Geltungsbereich unterworfenen Arbeitsverhältnisse. Im Gegensatz zu einer individualvertraglichen Implementierung ist somit nicht die Zustimmung jedes einzelnen Arbeitnehmers erforderlich. Durch die Beteiligung des Betriebsrats am Zustandekommen könnte zudem die Akzeptanz bei den Arbeitnehmern höher sein. Allerdings kann der Arbeitgeber dann auch die eigentlich mitbestimmungsfreien Klauseln nicht mehr ohne weiteres einseitig ändern, wenn auch diese Teil der Betriebsvereinbarung sein sollten. Im Übrigen sind auch bei einer Umsetzung der Ethikregeln durch Betriebsvereinbarung inhaltliche Grenzen zu beachten. So dürfen Betriebsvereinbarungen nicht gegen zwingende gesetzliche oder tarifliche Regelungen verstoßen.[50]

Im kirchlichen Bereich gilt folgendes: Im evangelischen Bereich wären Dienstvereinbarungen grundsätzlich denkbar. Nach § 36 Abs. 3 MVG-EKD gelten Dienstvereinbarungen unmittelbar und können im Einzelfall nicht abbedungen werden. Einer Dienstvereinbarung kommt damit wie einer Betriebsvereinbarung unmittelbare und zwingende Wirkung zu. Anders ist dies im katholischen Bereich. Dort ist eine Dienstvereinbarung im Bereich der Ordnung in der Einrichtung nicht möglich, da dieser Regelungsgegenstand nicht vom Katalog der MAVO erfasst ist (vgl. bspw. § 38 Abs. 1 MAVO Rottenburg-Stuttgart).

IV. Sanktionierung eines Verstoßes gegen eine Ethikrichtlinie

Im Ausgangspunkt setzt die Sanktionierung eines Verstoßes gegen Bestimmungen des Ethikkodex voraus, dass die betreffende Ethikregel wirksam in das individuelle Arbeitsverhältnis implementiert wurde. Unerheblich ist dabei, mittels welchem rechtlichen Instrument die Implementierung vorgenommen wurde (bspw. Weisungsrecht, Individualvereinbarung oder Betriebs-/Dienstvereinbarung). Erfolgt eine wirksame Implementierung, wird durch die betreffende Ethikbestimmung eine wirksame arbeitsrechtliche Pflicht des Arbeitnehmers begründet.

Verstößt ein Arbeitnehmer gegen eine arbeitsvertragliche Pflicht kann dies unterschiedliche Folgen haben. Zum einen kann der Arbeitgeber der Ansicht sein, eine Fortsetzung des Arbeitsverhältnisses mit dem vertragsbrüchigen Arbeitnehmer habe jeglichen Sinn verloren. Dann wird er versuchen, das Arbeitsverhältnis

---

[50] Hierzu auch *Meyer*, NJW 2006, 3605 (3609).

durch eine Kündigung zu beenden. Zur Errichtung dieses Ziels stehen grundsätzlich die fristgebundene ordentliche Kündigung und die fristlose außerordentliche Kündigung des Arbeitsverhältnisses zur Verfügung.

Daneben hat der Arbeitgeber die Möglichkeit, auf einen Vertragsverstoß im laufenden Arbeitsverhältnis zu reagieren, ohne das Arbeitsverhältnis zu beenden. So kann der Arbeitgeber eine Abmahnung aussprechen. Unter einer Abmahnung wird eine hinreichend deutliche Beanstandung von Leistungsmängeln des Arbeitnehmers durch den Arbeitgeber verstanden, verbunden mit dem Hinweis, dass im Wiederholungsfalle der Bestand des Arbeitsverhältnisses gefährdet sei.[51] Mit der Abmahnung drückt der Arbeitgeber die Missbilligung eines Verhaltens unter Androhung der Kündigung im Wiederholungsfall aus.[52] Eine Abmahnung bereitet somit eine verhaltensbedingte Kündigung des Arbeitsverhältnisses vor. Dies gilt sowohl für ordentliche als auch für außerordentliche Kündigungen, die ihre Gründe im Verhalten des Arbeitnehmers haben.[53] Zwischenzeitlich ist anerkannt, dass eine Abmahnung stets ausgesprochen werden kann, wenn sie steuerbares Verhalten des Arbeitnehmers zum Gegenstand hat. Immer besteht für den Arbeitnehmer die Möglichkeit zu zukünftig vertragskonformen Verhalten.[54] Es ist davon auszugehen, dass jedes willensbestimmte Verhalten grundsätzlich auch änderbar ist. Entgegen älterer Rechtsprechung kann auch der sog. Vertrauensbereich nicht von diesem Grundsatz ausgenommen werden.[55]

---

[51] Vgl. nur BAG v. 29.07.1976 – 3 AZR 50/75, AP KSchG 1969 § 1 Verhaltensbedingte Kündigung Nr. 9; BAG v. 17.02.1994 – 2 AZR 616/93, NZA 1994, 656.
[52] *Sandmann*, in: Henssler/Willemsen/Kalb, Arbeitsrecht Kommentar, 7. Auflage 2016, § 626 BGB Rn. 114.
[53] Vgl. zur Abmahnung als Instrument zur Vorbereitung einer späteren Kündigung *Sandmann* in: Henssler/Willemsen/Kalb, Arbeitsrecht Kommentar, 7. Auflage 2016, § 626 BGB Rn. 114 ff.; *Quecke,* in: Hennsler/Willemsen/Kalb, Arbeitsrecht Kommentar, 7. Auflage 2016, § 1 KSchG Rn. 186 ff.
[54] *Schlachter,* NZA 2005, 433 (435).
[55] BAG v. 10.06.2010 - 2 AZR 541/09, NZA 2010, 1227 (1231); *Dörner,* in:

Für die Kündigung wegen eines Verstoßes gegen Ethikbestimmungen folgt daraus: Grundsätzlich liegt bei einem Verstoß gegen eine wirksam implementierte Ethikregel willensgetragenes Fehlverhalten vor, da für den Arbeitnehmer steuerbar ist, ob er gegen die Bestimmungen des Kodes verstößt oder nicht. Somit setzt der Ausspruch einer Kündigung, die auf der Verletzung einer Ethikbestimmung beruht, den vorherigen Ausspruch einer entsprechenden Abmahnung voraus.

1. Abmahnung aufgrund eines Verstoßes gegen eine Ethikbestimmung

Wie dargelegt wird mit einer Abmahnung eine spätere Kündigung vorbereitet. Nach ständiger Rechtsprechung des Bundesarbeitsgerichts bedarf es einer Abmahnung regelmäßig vor Ausspruch einer späteren (ordentlichen oder außerordentlichen) verhaltensbedingten Kündigung.[56] Mit der Abmahnung übt der Arbeitgeber das eine jedem Gläubiger zustehende vertragliche Rügerecht aus. Das Recht, Fehlverhalten zu beanstanden und abzumahnen, steht jeder Vertragspartei zu.[57] Dabei ist eine (vergangenheitsbezogene) Sanktionierung einer Pflichtverletzung weder Zweck einer verhaltensbedingten Kündigung noch der dieser grundsätzlich vorgeschalteten Abmahnung. Vielmehr ist als maßgeblicher (zukunftsbezogener) Zweck, die Vermeidung weiterer Vertragspflichtverletzungen durch die in der Abmahnung liegende Erinnerung an die vertraglichen Pflichten

---

Ascheid/Preis/Schmidt, Kündigungsrecht, 4. Auflage 2012, § 1 KSchG Rn. 370; anders noch bspw. BAG v. 18.11.1986 – 7 AZR 674/84, NZA 1987, 418 f.; BAG v. 10.11.1988 – 2 AZR 215/88, NZA 1989, 633.

[56] St. Rspr, vgl. nur BAG v. 29.07.1976 – 3 AZR 50/75, AP KSchG 1969 § 1 Verhaltensbedingte Kündigung Nr. 9; BAG v. 17.02.1994 – 2 AZR 616/93, NZA 1994, 656; BAG v. 10.06.2010 – 2 AZR 541/09, NZA 2010, 1227 (1231); BAG v. 09.06.2011 – 2 AZR 381/10, NZA 2011, 1027 (1029).

[57] So bereits BAG v. 15.01.1986 – 5 AZR 70/84, NZA 1986, 421.

zu begreifen.[58] Da jede verhaltensbedingte Kündigung eine Prognoseentscheidung bezüglich des zukünftigen Arbeitnehmerverhaltens erfordert, dient die Abmahnung zu deren Objektivierung.[59]

Da die Abmahnung eine spätere verhaltensbedingte Kündigung vorbereiten soll, muss sich der Arbeitgeber im Falle einer arbeitsvertraglichen Pflichtverletzung durch den Arbeitnehmer auch entscheiden, ob er eine Abmahnung oder eine Kündigung aussprechen will. Entscheidet sich der Arbeitgeber für den Ausspruch einer Abmahnung, verzichtet er auf eine eventuell berechtigte Kündigung auf Grund der gerügten Pflichtverletzung (Verbrauch des Kündigungsrechts).[60] Umgekehrt darf der Arbeitgeber den Arbeitnehmer nach einer sozial nicht gerechtfertigten Kündigung wegen derselben Pflichtverletzung abmahnen.[61]

Will der Arbeitgeber wegen eines Verstoßes gegen eine wirksam implementierte Ethikregel eine Abmahnung aussprechen, muss die Erklärung des Arbeitgebers drei maßgebliche Funktionen erfüllen, um eine wirksame Abmahnung darzustellen. Zunächst muss die Erklärung das beanstandete Verhalten tatbestandsmäßig festhalten (Dokumentationsfunktion).[62] Des Weiteren muss der Arbeitnehmer darauf hingewiesen werden, dass der Arbeitgeber der Ansicht ist, dass es sich bei dem beanstandeten Verhalten um vertragswidriges Verhalten handelt (Hinweis- bzw. Erinnerungsfunktion).[63] Zuletzt muss der Arbeitnehmer gewarnt

---

[58] BAG v. 12.01.2006 – 2 AZR 21/05, NZA 2006, 917 (921); BAG v. 12.01.2006 – 2 AZR 179/05, NZA 2006, 980 (984).
[59] BAG v. 12.01.2006 – 2 AZR 21/05, NZA 2006, 917 (921); BAG v. 12.01.2006 - 2 AZR 179/05, NZA 2006, 980 (984); BAG v. 19.02.2009 – 2 AZR 603/07, NZA 2009, 894 (895).
[60] BAG v. 06.03.2003 – 2 AZR 128/02, AP BGB § 611 Abmahnung Nr. 30.
[61] Bereits BAG v. 07.09.1988 – 5 AZR 625/87, AP BGB § 611 Abmahnung Nr. 2.
[62] *Fischermeier*, in: KR, 11. Auflage 2016, § 626 BGB Rn. 276; *Berkowsky*, NZA-RR 2001, 57 (72); *v. Hoyningen-Huene*, RdA 1990, 193 (198); *Schaub*, NJW 1990, 872 (873).
[63] BAG v. 15.01.1986 - 5 AZR 70/84, NZA 1986, 421; *Dörner*, in: Ascheid/Preis/Schmidt, Kündigungsrecht, 4. Auflage 2012, § 1 KSchG Rn. 348.

werden, dass im Wiederholungsfalle die Kündigung des Arbeitsvertrags droht, mithin dessen Bestand gefährdet ist (Androhungs- bzw. Warnfunktion).[64] Die Androhung bestimmter kündigungsrechtlicher Maßnahmen ist nicht erforderlich. Der Warnfunktion ist schon bei einem unmissverständlichen Hinweis des Arbeitgebers auf die Bestandsgefährdung des Arbeitsverhältnisses im Wiederholungsfalle Genüge getan.[65] Um von einer Abmahnung im kündigungsrechtlichen Sinne zu sprechen, müssen die genannten Funktionen erfüllt werden. Insbesondere die Androhungs- und Warnfunktion ist für die Abmahnung konstitutiv. Ohne die Kündigungsandrohung handelt es sich um eine bloße Rüge der Pflichtverletzung (sog. Ermahnung), die für das Arbeitsverhältnis keine weiteren Folgen hat.

Somit ist der Arbeitgeber im Falle eines Verstoßes gegen eine wirksam implementierte Ethikregel berechtigt, eine Abmahnung auszusprechen und für die Wiederholung einer solchen (oder gleichartigen) Pflichtverletzung Kündigung des Arbeitsverhältnisses anzudrohen.

Fraglich ist, welche rechtlichen Auswirkungen die in den Ethikkodizes verbreiteten "Sanktionsklauseln" haben. Oftmals enthalten Ethikkodizes Formulierungen wie bspw. *"Verstöße gegen Bestimmungen des Ethikkodex werden disziplinarisch verfolgt und können als ultima ratio auch die Beendigung des Arbeitsverhältnisses zur Folge haben."* Es stellt sich die Frage, ob bei Vorliegen einer solchen (oder vergleichbaren) Sanktionsklausel nach einem Verstoß gegen eine Ethikbestimmung

---

[64] BAG v. 15.01.1986 – 5 AZR 70/84, NZA 1986, 421; BAG v. 16.01.1992 – 2 AZR 412/9, NZA 1992, 1023 (1024); BAG v. 19.02.2009 – 2 AZR 603/07, NZA 2009, 894 (895); *Dörner*, in: Ascheid/Preis/Schmidt, Kündigungsrecht, 4. Auflage 2012, § 1 KSchG Rn. 348; *Fischermeier*, in: KR, 11. Auflage 2016, § 626 BGB Rn. 270.

[65] BAG v. 29.07.1976 – 3 AZR 50/75, AP KSchG 1969 § 1 Verhaltensbedingte Kündigung Nr. 9; *Dörner*, in: Ascheid/Preis/Schmidt, Kündigungsrecht, 4. Auflage 2012, § 1 KSchG Rn. 348.

unmittelbar eine verhaltensbedingte Kündigung erfolgen kann (ohne dass es einer vorhergehenden "herkömmlichen" Abmahnung bedarf). Kann die Sanktionsklausel als vorweggenommene Abmahnung begriffen werden?

Zwar kann eine solche Sanktionsklausel in einer Ethikrichtlinie grundsätzlich die vorstehend genannten Abmahnungsfunktionen grundsätzlich erfüllen.[66] Allerdings stellt sich bei einer vorweggenommenen Abmahnung die Frage der Verhältnismäßigkeit. Würde die Ergänzung eines Ethikkodex um eine Sanktionsklausel dazu führen, dass künftige Verstöße gegen sämtliche in dem Kodex enthaltenen Ethikbestimmungen bereits vorweggenommen abgemahnt wären, entfiele grundsätzlich die Gelegenheit für den Arbeitnehmer sich nach einer Abmahnung (und der damit einhergehenden Erinnerung an die arbeitsvertraglichen Pflichten) wieder vertragstreu zu verhalten. Das Erfordernis einer der Kündigung vorgeschalteten Abmahnung wäre *ad absurdum* geführt. Grundsätzlich wird sich die für eine verhaltensbedingte Kündigung erforderliche negative Prognose weiterer Vertragspflichtverletzungen in der Zukunft (vgl. zur erforderlichen Negativprognose nachstehend) nicht auf eine solche Sanktionsklausel stützen lassen. Eine vorgeschaltete Abmahnung ist aber nicht in jedem Fall erforderlich, um eine Negativprognose erstellen zu können. So ist die Rechtsfigur der entbehrlichen Abmahnung anerkannt. Eine Abmahnung ist entbehrlich, wenn eine Verhaltensänderung in Zukunft selbst nach Abmahnung nicht zu erwarten steht oder es sich um eine so schwere Pflichtverletzung handelt, dass eine Hinnahme durch den Arbeitgeber offensichtlich – auch für den Arbeitnehmer erkennbar – ausgeschlossen ist.[67]

---

[66] Vgl. mit eingehender Begründung *Rein*, Die individualrechtliche Implementierung einer Ethikrichtlinie mit vorweggenommener Abmahnung, 1. Auflage 2013, S. 228 ff..
[67] So ausdrücklich BAG v. 10.06.2010 – 2 AZR 541/09, NZA 2010, 1227 (1231).

Solche schwerwiegenden Pflichtverletzungen, bei denen eine Abmahnung grundsätzlich entbehrlich ist, können auch bei Verstößen gegen Ethikregeln vorliegen. Dies ist insbesondere der Fall, wenn gegen Regelungen zum Verbot der Annahme von Schmiergeldern oder Geschenken oder weitere Regelungen zur Vermeidung von Interessenkonflikten verstoßen wird. Bspw. hielt das Bundesarbeitsgericht bei einem mehrfachen Verstoß eines Arbeitnehmers gegen das auch in einer Allgemeinen Dienst- und Geschäftsanweisung des Arbeitgebers enthaltene Verbot, ohne Zustimmung des Arbeitgebers Belohnungen oder Geschenke in Bezug auf seine dienstliche Tätigkeit anzunehmen, eine vorhergehende Abmahnung für entbehrlich.[68] Ebenfalls wurde eine vorherige einschlägige Abmahnung im Fall der Kündigung eines Pharmareferenten für entbehrlich erachtet, der entgegen den geltenden Compliance-Richtlinien eine Fortbildungsveranstaltung (für Ärzte) mit fachfremder weiblicher Begleitung sowie einem fachfremden Rahmenprogramm mit Freizeitwert organisiert hat und darüber im Anschluss eine unzutreffende Dokumentation erstellt hat.[69]

Im Ergebnis bedeutet dies, dass eine Sanktionsklausel als vorweggenommene Abmahnung in Fällen wirken kann, in denen eine Abmahnung entbehrlich wäre. Damit kommt der Sanktionsklausel in einer Ethikrichtlinie ein sehr begrenzter juristischer "Mehrwert" zu. Allerdings hat die Sanktionsklausel einen Appellcharakter und streicht die besondere Bedeutung der Grundsätze des ethischen Verhaltens gegenüber den Arbeitnehmern heraus, indem für die Verletzung dieser Grundsätze arbeitsrechtliche Folgen angekündigt werden. Dies kann im Rahmen der erforderlichen Interessenabwägung bei der Prüfung einer Kündigung Berücksichtigung finden. So führte das LAG Schleswig-Holstein in einem Kündigungsschutzprozess zu Lasten des gekündigten Arbeitnehmers im Rahmen der Interessenabwägung an, dass der Arbeitgeber eine Ethikrichtlinien aufgestellt

---

[68] BAG v. 15.11.2001 – 2 AZR 605/00, AP BGB § 626 Nr. 175.
[69] LAG Hessen v. 25.01.2010 – 17 Sa 21/09, BeckRS 2011, 65288.

habe und der Arbeitnehmer mithin wusste, dass die der Arbeitgeber auf einen gerechten und ethisch einwandfreien Umgang miteinander allergrößten Wert lege.[70]

2. Ordentliche verhaltensbedingte Kündigung

Im Zuge einer unternehmensweit praktizierten Compliance-Struktur wird der Arbeitgeber versuchen, die Regeln einer von ihm initialisierten Ethikrichtlinie durchzusetzen. Hierzu gehört als ultima ratio auch die Kündigung von Arbeitnehmern nach Verstößen gegen die Ethikbestimmungen.

Findet das Kündigungsschutzgesetz Anwendung (vgl. §§ 1 Abs. 1, 23 KSchG), benötigt der Arbeitgeber einen Kündigungsgrund gemäß § 1 Abs. 2 KSchG, um eine wirksame Kündigung aussprechen zu können. Eine Kündigung wegen der Verletzung einer Ethikregel wird – wie bereits dargelegt – im Regelfall eine verhaltensbedingte Kündigung sein. Nach § 1 Abs. 2 KSchG muss die Kündigung damit durch Gründe bedingt sein, die im Verhalten des Arbeitnehmers liegen.

a) Schuldhafte Verletzung einer arbeitsvertraglichen Pflicht

Hierfür muss Arbeitnehmer zunächst arbeitsvertragliche Pflichten verletzt haben, wobei die Pflichtverletzung auch schuldhaft gewesen sein muss. Nach § 276 Abs. 1 Satz 1 BGB ist fahrlässiges oder vorsätzliches Handeln des Arbeitnehmers in Bezug auf den konkret vorgeworfenen Pflichtverstoß notwendig. Dies ist im Einzelfall zu beurteilen.

Da durch die bloße Zusammenfassung von Verhaltensregeln zu einem Ethikkodex keine kündigungsrechtliche Neubewertung der jeweiligen Verhaltensregeln erfolgt, können im Folgenden einige exemplarische Ethikverstöße mit kündi-

---

[70] LAG Schleswig-Holstein v. 29.08.2006 – 6 Sa 72/06, BeckRS 2006, 43907.

gungsrechtlicher Relevanz genannt werden. Die einzelnen Verhaltensregeln eines Ethikkodex waren zum Großteil bereits Gegenstand der Rechtsprechung. Dabei ist zu beachten, dass unter Berücksichtigung aller maßgeblichen Umstände durch eine umfassende Abwägung im Einzelfall zu prüfen ist, ob das konkrete Fehlverhalten des Arbeitnehmers geeignet ist, einen ruhig und verständig urteilenden Arbeitgeber zur Kündigung zu bestimmen.[71]

Eine Kündigung kann etwa in Betracht kommen, wenn ein Arbeitnehmer einen von ihm beobachteten Diebstahl zu Lasten des Arbeitgebers diesem nicht anzeigt. Das soll zumindest gelten, wenn sich die schädigende Handlung im Aufgabenbereich des Arbeitnehmers abspielt und Wiederholungsgefahr besteht.[72] Auf einen Ethikkodex übertragen, ist festzustellen, dass die Verletzung wirksamer Whistleblowing-Klauseln kündigungsrechtlich relevant sein kann. Zu Recht wird aber auch darauf hingewiesen, dass auch der missbräuchliche Gebrauch einer installierten Whistleblowing-Hotline zur Kündigung berechtigen kann. So stören etwa falsche Verdächtigungen den Betriebsfrieden.[73]

Entsprechendes gilt für den Verstoß gegen Verschwiegenheitspflichten. Eine Kündigung kommt in Betracht, wenn der Arbeitnehmer die Vorschriften des Arbeitgebers über das externe Whistleblowing nicht beachtet. Ein kündigungsrechtlich relevanter Verstoß gegen die Verschwiegenheitspflicht kann vorliegen, wenn der Arbeitnehmer vor dem Gang an die Öffentlichkeit keine Anstrengungen zu innerbetrieblicher Abhilfe unternimmt.[74]

---

[71] BAG v. 13.03.1987 – 7 AZR 601/85, AP KSchG 1969 § 1 Verhaltensbedingte Kündigung Nr. 18.
[72] LAG Hamm v. 29.07.1994 – 18 (2) Sa 2016/93, BB 1994, 2352.
[73] *Wisskirchen/Körber/Bissels*, BB 2006, 1567.
[74] Vgl. BAG v. 03.07.2003 – 2 AZR 235/02, NZA 2004, 427 (431); BAG v. 07.12.2006 – 2 AZR 400/05, NJW 2007, 2204 (2205); auch der EGMR v. 21.07.2011 – 28274/08, BeckRS 2011, 21659, Rn. 65, erkennt an, dass Informationen zunächst dem Vorgesetzten oder einer anderen innerbetrieblichen Stelle oder Einrichtung gegeben werden müssten. Nur wenn dies

Auch auf dem Gebiet der Interessenkonfliktprävention besteht die Möglichkeit, dass ein Ethikregelverstoß eine Kündigung nach sich zieht. Eine Kündigung kann z.B. bei einem Verstoß des Arbeitnehmers gegen die Reglementierungen von Nebentätigkeiten in Betracht kommen.[75] In diesem Zusammenhang ist auch an einen Verstoß gegen ein vereinbartes Wettbewerbsverbot zu denken. Auch dies kann einen verhaltensbedingten Kündigungsgrund darstellen.[76] Eine verhaltensbedingte Kündigung kommt ebenfalls in Betracht, wenn der Arbeitnehmer gegen ein Verbot, Geschenke anzunehmen[77] oder gegen ein Verbot, Schmiergelder an Dritte zu bezahlen, verstößt.

Insgesamt zeigt sich, dass der Verstoß gegen Verhaltensregeln, die Eingang in typische Ethikregeln gefunden haben, schon seit langem in der Praxis als Kündigungsgrund genutzt wurde, bevor die Zusammenfassung solcher Regeln in gesonderten Ethikrichtlinien vorgenommen wurde. Voraussetzung ist die schuldhafte Verletzung einer wirksamen Vertragspflicht. Ob die betreffende Vertragspflicht nun in einer Ethikrichtlinie niedergelegt ist und wirksam in das Arbeitsverhältnis implementiert wurde oder auf anderem Wege in das Arbeitsverhältnis wirksam eingeführt wurde, ist dabei unerheblich.

---

eindeutig unmöglich sei, könne der Arbeitnehmer, als letztes Mittel, damit an die Öffentlichkeit gehen.
[75] Vgl. BAG v. 03.12.1970 – 2 AZR 110/70, AP BGB § 626 Nr. 60; BAG v. 11.12.2001 – 9 AZR 464/00, BB 2002, 2447 (2448).
[76] Der Verstoß gegen ein vertragliches Wettbewerbsverbot ist an sich geeignet, um eine außerordentliche Kündigung zu begründen, vgl. BAG v. 26.06.2008 – 2 AZR 190/07, NJW 2009, 105 ff.
[77] Vgl. BAG v. 15.11.2001 – 2 AZR 605/00, AP BGB § 626 Nr. 175.

b) Negativprognose

Kündigungsschutzrecht ist zukunftsbezogenes Recht. Daher ist zur sozialen Rechtfertigung einer verhaltensbedingten Kündigung eine Negativprognose erforderlich. Eine ausreichende negative Prognose liegt vor, wenn aus der konkreten Pflichtverletzung und der daraus resultierenden Vertragsstörung geschlossen werden kann, der Arbeitnehmer werde den Arbeitsvertrag nach der Kündigungsandrohung erneut in gleicher oder ähnlicher Weise verletzen.[78]

Da eine solche Prognose nur schwerlich mit der notwendigen Sicherheit zu stellen ist, dient das Rechtsinstitut der Abmahnung zu deren Objektivierung.[79] Voraussetzung einer verhaltensbedingten Kündigung ist grundsätzlich die Abmahnung des Arbeitnehmers. Diese ist nur in Ausnahmefällen entbehrlich (siehe oben). Wird ein beanstandetes Verhalten trotz Abmahnung nicht geändert, ist der Schluss gerechtfertigt, dass der Beschäftigte auch in Zukunft gleich gelagerte Pflichtverstöße begehen wird. Dabei bezieht sich die Abmahnung nur auf Pflichtverstöße, die aus demselben Bereich kommen, da nur dann Abmahnung und Kündigung in einem inneren Zusammenhang stehen (Gleichartigkeit der Pflichtverstöße).[80]

Eine ausreichende Negativprognose liegt aber nicht vor, wenn der Arbeitgeber den Arbeitnehmer weniger belastende Maßnahmen nicht ergreift, die eine Störung des Arbeitsverhältnisses in der Zukunft ausschließen. Die Beendigung des Arbeitsverhältnisses durch Kündigung kommt lediglich als ultima ratio in Betracht und ist nur erforderlich, wenn mildere Mittel nicht vorhanden sind.[81]. Ty-

---

[78] BAG v. 12.01.2006 – 2 AZR 179/05, NZA 2006, 980 (984).
[79] BAG v. 19.02.2009 – 2 AZR 603/07, NZA 2009, 894 (895); BAG v. 12.01.2006 – 2 AZR 179/05, NZA 2006, 980 (984).
[80] BAG v. 13.12.2007 – 2 AZR 818/06, NZA 2008, 589 (592).
[81] Vgl. nur BAG v. 10.11.1988 – 2 AZR 215/88, NZA 1989, 633 (634); BAG v. 12.01.2006 – 2 AZR 21/05, NZA 2006, 917 (921).

pisches milderes Mittel ist dabei die Abmahnung des Pflichtverstoßes. Der Ausspruch einer verhaltensbedingten Kündigung ist unzulässig, wenn bereits mit einer Abmahnung eine Störung des Arbeitsverhältnisses in Zukunft ausgeschlossen würde.

c)   Interessenabwägung

Eine verhaltensbedingte Kündigung kann nur nach Vornahme einer umfassenden Interessenabwägung aller Belange des jeweiligen Einzelfalls ausgesprochen werden. Dabei ist das Bestandsschutzinteresse des Arbeitnehmers gegen das Beendigungsinteresse des Arbeitgebers abzuwägen.[82] Die Kündigung muss bei verständiger Würdigung in Abwägung der Interessen der Vertragsparteien des Betriebes billigenswert und angemessen erscheinen.[83] Zu berücksichtigen ist in der Abwägung z.B., ob es neben der Pflichtverletzung auch zu konkreten negativen Auswirkungen im Bereich des Arbeitgeber oder des betrieblichen Geschehens gekommen ist.[84] So können Verstöße gegen den Ethikkodex zu einer Störung des Betriebsfriedens führen. Dies wäre zu Lasten des Arbeitnehmers zu berücksichtigen. Negative Auswirkungen für den Betrieb des Arbeitgebers sind als Folge von Verstößen gegen Ethikregeln denkbar, wenn dem Arbeitgeber infolge einer Verfehlung des Arbeitnehmers staatliche Geldbußen auferlegt würden. Andererseits ist auch möglich, dass Verstöße des Arbeitnehmers gegen Ethikregeln der Betrieb bzw. das Unternehmen des Arbeitgebers in der Öffentlichkeit negativ wahrgenommen wird (insb. bei Korruptionsfällen) und dadurch der Arbeitgeber finanzielle Einbußen erleidet. Auch kann zu Lasten des Arbeitnehmers zu berücksichtigen sein, dass der Arbeitnehmer in Kenntnis der Ethikregeln gegen diese verstoßen hat (siehe hierzu bereits oben).

---

[82] Vgl. bspw. BAG v. 24.06.2004 – 2 AZR 63/03, NJW 2005, 619 (620).
[83] BAG v. 24.06.2004 – 2 AZR 63/03, NJW 2005, 619 (621).
[84] BAG v. 24.06.2004 – 2 AZR 63/03, NJW 2005, 619 (621).

Allerdings ist auch zu berücksichtigen, ob die vom Arbeitgeber in der Ethikrichtlinie selbst gesetzten ethischen Maßstäbe für die Wertschöpfung im Unternehmen tatsächlich gelebt werden. Auch bei einem Verstoß gegen Regelungen in Unternehmensrichtlinien ist der Gesamtzusammenhang im Einzelfall zu beachten. Werden die eigenen ethischen Regelungen im Unternehmen nicht umgesetzt, sondern wirkt der Arbeitgeber vielmehr selbst an der Entstehung des Kündigungsgrundes, d.h. an der Verletzung der eigenen ethischen Regeln, mit oder initiiert oder duldet der Arbeitgeber das dem Arbeitnehmer vorgeworfene Verhalten, kann hierauf eine Kündigung nicht gestützt werden. Eine solche Kündigung verstieße gegen das Verbot widersprüchlichen Verhaltens und wäre treuwidrig und damit unwirksam.[85]

Zu Gunsten des Arbeitnehmers ist zudem allgemein die Dauer der Betriebszugehörigkeit, insbesondere die Dauer der fehlerfreien Vertragsbeziehung, in die Abwägung einzustellen.[86] Ein weiterer wichtiger Gesichtspunkt ist im Rahmen der Abwägung die Berücksichtigung der persönlichen Lebenssituation des Arbeitnehmers (insb. Unterhaltspflichten) sowie des Alters. Entscheidend bleibt immer die Würdigung des konkreten Einzelfalles. Eine hiervon losgelöste, abstrakte Interessenabwägung ist nicht möglich.

3. Außerordentliche Kündigung

Möglicherweise ist der Verstoß des Arbeitnehmers gegen eine Ethikregel für den Arbeitgeber so gravierend, dass er das Arbeitsverhältnis ohne Wahrung der ordentlichen Kündigungsfristen mit sofortiger Wirkung beenden möchte. Hierzu dient die außerordentliche Kündigung gem. § 626 BGB.

---

[85] ArbG München v. 02.10.2008 – 13 Ca 1719/07, NZA-RR 2009, 134.
[86] Vgl. BAG v. 13.12.1984 – 2 AZR 454/83, NZA 1985, 288; auch BAG v. 10.06.2010 – 2 AZR 541/09, NZA 2010, 1227 (1232).

a) Verstoß gegen eine Ethikregel als "an sich" wichtiger Grund

Zunächst muss ein Verstoß gegen eine implementierte Ethikregel "an sich" einen außerordentlichen Kündigungsgrund darstellen können. Um eine außerordentliche Kündigung begründen zu können, sind im Einzelfall erschwerende Umstände erforderlich. Die Rechtsprechung hatte sich bereits mit einigen Themenkomplexen als Gegenstand einer außerordentlichen Kündigung zu befassen.

Grundsätzlich anerkannt als "an sich" wichtiger Grund für eine außerordentliche Kündigung wurden das externe Whistleblowing bzw. Verstöße gegen die Verschwiegenheitspflicht[87], Verstöße gegen das Konkurrenzverbot (vgl. § 60 Abs. 1 HGB)[88] oder Verstöße gegen das Verbot der Annahme von Schmiergeldern oder Geschenken.[89] Stets ist bei einem Verstoß gegen eine Ethikregel aber anhand der Umstände des konkreten Einzelfalls zu prüfen, ob der vorliegende Ethikregelverstoß "an sich" den Ausspruch einer außerordentlichen Kündigung rechtfertigt. Hierfür ist stets eine gravierende Pflichtverletzung erforderlich, die die vertragliche Beziehung in einem besonderen Maße stört.

b) Umfassende Interessenabwägung

Nach der Feststellung eines "an sich" geeigneten Kündigungsgrundes ist in einem zweiten Schritt bei einer außerordentlichen Kündigung zu prüfen, ob die

---

[87] Vgl. hierzu BVerfG v. 02.07.2001 – 1 BvR 2049/00, NZA 2001, 888; ähnlich auch BAG v. 07.12.2006 – 2 AZR 400/05, NJW 2007, 2204 (2206); allerdings auch EGMR v. 21.07.2011 – 28274/0821, BeckRS 2011, 21659.
[88] Vgl. nur BAG v. 26.06.2008 – 2 AZR 190/07, NZA 2008, 1415 (1416).
[89] BAG v. 17.03.2005 – 2 AZR 245/04, NZA 2006, 101; BAG v. 15.11.2001 – 2 AZR 605/00, AP BGB § 626 Nr. 175 zu § 10 BAT mit zust. Anm. *Moll*; ebenso entschied das *BAG* in einem Fall, in dem das "Schmiergeldverbot" nicht ausdrücklich festgeschrieben war, vgl. BAG v. 21.06.2001 – 2 AZR 30/00, ZTR 2002, 45 f.; auch LAG Rheinland-Pfalz v. 16.01.2009 – 9 Sa 572/08 (juris).

Fortsetzung des Arbeitsverhältnisses unter Berücksichtigung der konkreten Umstände des Einzelfalls und unter Abwägung der Interessen beider Vertragsteile zumutbar ist oder nicht.[90] Die außerordentliche Kündigung ist als ultima ratio zu verstehen, so dass der Grundsatz der Verhältnismäßigkeit anzuwenden ist. Mildere Mittel, die die Störung des Vertragsverhältnisses ebenso effektiv beseitigen, sind daher vorrangig.[91] Neben der ordentlichen Kündigung sind wieder Versetzung und Abmahnung zu nennen. Eine Abmahnung ist grundsätzlich auch vor einer außerordentlichen Kündigung auszusprechen. Hingegen sind sie entbehrlich bei besonders schwerwiegenden Vertragsverletzungen (siehe oben).

c) Kündigungserklärungsfrist, § 626 II BGB

Zu beachten ist bei einer außerordentlichen Kündigung weiter die Kündigungserklärungsfrist gemäß § 626 Abs. 2 BGB. Danach darf die Kündigung nur innerhalb von zwei Wochen erfolgen, wobei die Frist mit dem Zeitpunkt beginnt, in dem der Kündigungsberechtigte von den für die Kündigung maßgebenden Tatsachen Kenntnis erlangt.

VI. Fazit

Zusammenfassend lässt sich sagen, dass sich Ethikrichtlinien in der Unternehmenspraxis als Maßnahme im Rahmen von unternehmensinternen Compliance-Systemen etabliert haben. Um den Regelungen einer unternehmensinternen Ethikrichtlinie arbeitsrechtlich "Leben einzuhauchen", ist es erforderlich, dass die Ethikregeln wirksam in die individuellen Arbeitsverhältnisse implementiert werden, da ohne eine wirksame Implementierung Verstöße gegen eine Ethikrichtlinie nicht geahndet werden können. Wird eine Ethikrichtlinie aber

---

[90] St. Rspr., vgl. nur BAG v. 23.10.2008 – 2 AZR 483/07, NZA-RR 2009, 362 (363); BAG v. 09.06.2011 – 2 AZR 381/10, NZA 2011, 1027 (1028).
[91] BAG v. 10.06.2010 – 2 AZR 541/09, NZA 2010, 1227 (1231); BAG v. 09.06.2011 – 2 AZR 381/10, NZA 2011, 1027 (1028 f.).

wirksam implementiert, können Verstöße gegen einzelne Ethikbestimmungen auch arbeitsrechtliche Konsequenzen (Abmahnung, Kündigung) haben. Dafür ist aber auch erforderlich, dass die in dem Kodex niedergelegten ethischen Maßstäbe des Unternehmens auch in der Praxis "gelebt" werden. Ist dies nicht der Fall, kann dies zur Unwirksamkeit von Maßnahmen wie Abmahnung oder Kündigung führen.

Diskussionsbeiträge

Tabea Kulschewski/ Samuel Kupffer

I. Diskussion nach Prof. Michael Droege

Prof. Hermann Reichold eröffnete die Diskussion und dankte dem Referenten für die Darstellung einerseits der religionsverfassungsrechtlichen Perspektive und zum anderen der Vor- und Nachteile des Gemeinnützigkeitsrechtes. Zudem habe er sich über den Blick auf das europäische Konzept des Sozialunternehmens gefreut, welches tatsächlich nicht besonders vielversprechend sei.

Zunächst wollte *Hermann-Josef Drexl* (Ltd. Direktor i.K., Bischöfliches Ordinariat Rottenburg) wissen, ob er richtig verstanden habe, dass *Droege* dafür plädiere, dass durch die Grundordnung nach wie vor auch in den caritativen Einrichtungen glaubenszeugnisbezogene Anforderungen an die Mitarbeiter zu stellen seien und nicht nur solche, die sich aus einem einrichtungsbezogenen Leitbild ergeben.

Droege bestätigte dies, wobei er betonte, dass es sich dabei wohl um eine konservative Auffassung handele. Die Idee der leitbildorientierten Anforderungen an die Mitarbeiter sei aus der Not geboren: man suche verzweifelt nach den geretteten Seelen. Da man sie nicht finde, brauche man Substitute. Seiner Einschätzung nach sei der Selbstverständnisdiskurs nicht nur in Caritas und Diakonie Ausdruck einer Suche nach Substituten. Dabei müsse beachtet werden, dass die Kirchen zwar Akteure in der Öffentlichkeit seien, sie seien aber auch Gottesdienst und das komme zu selten vor. Im Staatskirchenrecht gebe es eine rege Debatte darüber, inwieweit die Kirchenmitgliedschaft Voraussetzung dafür sei, dass eine karitative Einrichtung als kirchliche Einrichtung zu werten sei. Die Tendenz gehe dahin, dass man graduell auf die Kirchenmitgliedschaft bei Mitarbeitern verzichten könnte; bildlich gesprochen, schade etwas Wasser im Wein nicht. *Sein* Petitum sei jedoch, dass etwas Wein auch noch da sein müsse.

Reichold pflichtete *Droege* dahingehend bei, dass diese Diskussion geführt werden müsse. Zu bedenken gab er jedoch, dass das BVerfG in seinem Chefarzt-Urteil eine Abstufung von Loyalitätspflichten gutgeheißen habe. Auch der Bundesverfassungsrichter, der dieses Urteil maßgeblich zu verantworten habe, *Prof. Landau* (Richter am BVerfG a.D.) habe auf einer Tagung auf Schloss Hirschberg im Juni dieses Jahres verlauten lassen, dass er es sogar gute fände, wenn klare Voraussetzungen diesbezüglich in der katholischen Grundordnung vorhanden seien. Er habe die neue Fassung der Grundordnung ausdrücklich gutgeheißen. Man könne also davon ausgehen, dass eine gewisse Abstufung zulässig sei. Einig sei man sich aber jedenfalls darin, dass kirchenfeindliches Verhalten zu unterlassen sei, wobei man sich damit ohnehin im normalen Arbeitsrecht bewege. Kein Arbeitnehmer könne seinem Arbeitgeber offen den Dienst aufkündigen.

Vom Sozialinstitut Kommende Dortmund meldet sich sodann *Dr. Andreas Fisch* zu Wort und stellte ein Projekt vor, das sein Institut derzeit mit dem diözesanen Caritasverband durchführe. Dort werde ein Modell aus den USA übernommen, um die kirchliche Identität zu retten, ohne diese formal an einer Kirchenmitgliedschaft festzumachen. Dabei würden Bewerbern im Auswahlgespräch sechs katholische Werte vorgestellt (etwa ganzheitliche Betreuung im Krankenhaus, Sorge für die Armen). Die Bewerber müssten sich dann dazu äußern, ob sie diese Werte mittragen könnten. Das Modell werde gerade an Krankenhäusern getestet. Eine erste Erfahrung könne man bereits berichten: Gerade kirchenfremde Menschen seien überrascht, was alles „katholisch" sei. Oftmals werde nur an die Haltung zur Abtreibung und Ähnliches gedacht. Nach der Einschätzung von *Fisch* führe diese Vorgehensweise zu einer breiteren Identifikation mit den Werten und damit letztlich zu einer Wahrnehmung der Kirche als attraktivem Arbeitgeber.

Droege begrüßte es grundsätzlich, dass die Kirche so vorginge. Er sehe dabei aber die Gefahr, dass die Kirche etwas von ihrem Markenkern aufgebe. Wenn die Kirche etwa ein Problem mit der Abtreibung habe, müsse sie das in diese sechs Leitwerte aufnehmen. Übrigens sei dies ein Phänomen, das bei allen großen unter Schwund leidenden Mitgliederorganisationen zu beobachten sei, zum Beispiel auch bei den großen Volksparteien. Da gebe es dann eine „Mitgliedschaft light". Eine Mitgliedschaft light sei in der Kirche aber nicht denkbar. Es könne vielleicht eine „Zuordnung light" zu Caritas und Diakonie organisational geben, im personellen Substrat sei aber höchste Vorsicht geboten.

Sodann wies *Dr. Wolfgang Teske* (Vorstand der Diakonie Mitteldeutschland) darauf hin, dass man für diese Frage den Blick nicht nur auf die USA richten solle, sondern zunächst einmal auf die Einrichtungen im

Osten Deutschlands. Dort läge die Kirchenmitgliedschaft in der Bevölkerung zum Teil unter 10 %, trotzdem beschäftigten die diakonischen Einrichtungen zum Teil noch bis zu 50 % Kirchenmitglieder, zumindest in Sachsen-Anhalt und Thüringen. Wie die „Weinschorle" genau zusammengesetzt werden müsse, könne er nicht beantworten. Er halte es aber für außerordentlich wichtig, von den Mitarbeitern zu verlangen, dass diese den Auftrag der Einrichtung bejahten. Angebote, um dies zu fördern, müsse die Leitung schaffen. Eine Profilbildung sei dadurch zu betreiben, dass den Mitarbeitern verständlich gemacht werde, was alles zu Kirche gehöre. Von den Einrichtungen im Osten könnte der innerdeutsche Diskurs einiges lernen. Die Frage, ob eine Dienstgemeinschaft mit Nichtgetauften überhaupt möglich sei, käme immer wieder - auch und gerade im Osten. Dies sei aber nicht der Ansatzpunkt, der weiterführe. Wenn die Kirche ihre Aufgaben erfüllen wolle, müsse sie es so machen, wie von *Fisch* beschrieben, und wie es die Kirchen im Osten bereits seit 25 Jahren machten.

Ergänzend gab *Reichold* zu bedenken, dass man Diakonie und Caritas in manchen Landstrichen komplett schließen könnte, wenn man nur noch Getaufte zur Dienstgemeinschaft rechnen würde - darüber müsse seiner Meinung nach nicht lange diskutiert werden.

Dem Referenten pflichtete *Fisch* insoweit bei, als dass Sozialunternehmen, wie etwa der Bäcker, gemeinwohlorientiert seien und nebenbei auch noch einen Gewinn machten. Oftmals geschehe dies auch nicht nur nebenbei. Der Unterschied liege, so *Fisch*, jedoch rein definitorisch nicht im Altruismus, da er diesen Begriff für gefährlich halte. Schließlich habe die Kirche Vorteile verschiedenster Art und auch ganz unterschiedliche Interessen an unterschiedlichen Stellen. Der Unterschied sei daher in der Gewinnorientierung zu erblicken. Eine solche zwinge zu Profit und Überschuss, wohingegen bei fehlender Gewinnorientierung die mögliche Reinvestierung in Gehälter und Arbeitsumfeld möglich sei. Dies sei für ihn rein definitorisch die bessere Unterscheidung.

Darauf erläuterte *Droege*, dass im Steuerrecht unterschieden würde: Gewinn und Einnahmenerzielung an sich seien nicht schlecht, soweit dies im Rahmen des Zweckbetriebes erfolge. Erst wenn ein rein wirtschaftlicher Geschäftsbetrieb vorliege, gehe der Gemeinnützigkeitsstatus verlustig, soweit der Geschäftsbetrieb reiche. Problematisch sei dies deshalb, weil der Zweckbetrieb durch die Rechtsprechung des EuGH im harmonisierten Umsatzsteuerrecht, die der Bundesfinanzhof leider durchweg anwende, unter Druck geraten sei. Die Bereiche, in denen die Gemeinnützigkeit trotz eines Agierens am Markt vorlägen, schmelzten dahin. Dies sei ein Problem.

Dr. Robert Bachert (Finanzvorstand des Diakonischen Werks Württemberg) erwähnte, dass es in diesem Zusammenhang noch ein anderes Problem gäbe: Sobald man als diakonische Einrichtung öffentlich formuliere, dass man Gewinne generieren wolle, wäre der Aufschrei groß. Gewinne würden aber gebraucht, etwa für Tarifsteigerungen oder Reinvestitionen, die dem Erhalt der Arbeits- und Betreuungsplätze dienten. In seiner Einrichtung gäbe es ganz klare Standards, wie die Rücklagenbildung vor sich gehen müsse. Dabei werde genau festgelegt für welche Zwecke diese erfolge. Diese Standards würden auch der Finanzverwaltung klar aufzeigen, dass die Einnahmen gemeinnützigkeitsrechtlich verwendet werden.

Abschließend stellte *Reichold* fest, dass das Thema der Gemeinnützigkeit hier wohl nicht in seiner ganzen Breite diskutiert werden könne. An Transparenz an dieser Stelle seien aber nicht zuletzt die Mitarbeitervertreter interessiert.

II. Diskussion nach Dr. Bachert

Reichold reflektierte, dass die württembergische Diakonie nicht nur an der Theorie, sondern auch an der praktischen Umsetzung einer ethisch reflektierten Unternehmenskultur im christlichen Auftrag interessiert sei. Wenn diese tatsächlich erfolgreich umgesetzt werden könne, sei der Diakonie dafür zu gratulieren. Dabei dürfe jedoch die andere Ebene, nämlich dass die Einrichtung auch finanzierbar bleibe, nicht übersehen werden. An dieser Stelle seien dann zwei Aspekte zu diskutieren: Einerseits, ob es solcher Prozesse tatsächlich bedürfe, um das Postulat der Dienstgemeinschaft mit Leben zu füllen. Die Etablierung von manifestierten Corporate Governance Kodizes sei eher für große Aktiengesellschaften typisch. Es sei daher fraglich, ob diese Vorgehensweise auf kleinere kirchliche Einrichtungen übertragbar sei. Problematisch sei dies insbesondere im Hinblick auf die Machbarkeit einer hoch professionellen Aufsicht, welche nur schwierig bei den eher kleineren kirchlichen Einrichtungen zu etablieren sei.

Andererseits sei besonders auf das in dem Unternehmen herrschende „Spielverständnis" einzugehen. Darunter verstehe der Wirtschafts- und Unternehmensethiker *Prof. Andreas Suchanek*, auf den *Reichold* verwies, den real existierenden Kommunikations- und Verhandlungsmodus im Unternehmen. „Spielregeln" seien wichtig für das konkrete Verhalten der Mitarbeiter und ihrer „Spielzüge". Das „Spielverständnis" könne davon aber erheblich abweichen. Doch müssten natürlich auch nicht jedem einzelnen Mitarbeiter die vielleicht doch etwas komplizierten Leitsätze deutlich gemacht werden, sondern es reiche aus ihm zu zeigen, dass man mit ihm genauso gerecht umgehe, wie mit denjenigen, die die große Verantwortung tragen.

Bachert bestätigte, dass die Übertragung des Corporate Governance-Konzepts auf den Non-Profit-Bereich Schwierigkeiten verursache. Hierbei seien die typischen Besonderheiten der Diakonie und der Caritas zu berücksichtigen; eine einfache Übertragung aus dem Aktienrecht sei daher nicht möglich. So musste zum Beispiel der Begriff der Transparenz für den Bereich der kirchlichen Einrichtungen neu definiert werden. Gerade auch bei Einrichtungen mit höherem Umsatz erfordere die Transparenz auch eine professionelle Aufsicht, insbesondere hinsichtlich der essentiellen Frage der Liquidität der Einrichtungen. Für die Effektivität dieser Aufsicht sei ein Fragenkatalog mit 49 Fragen entwickelt worden, um die Liquidität der Einrichtung erfolgreich bestimmen zu können (zum Beispiel: Haben Sie einen Liquiditätsplan?). Gerade für kleinere Einrichtungen, die sich zwischen Ehrenamtlichkeit und Professionalisierung bewegten, sei dies ein nennenswertes Hilfsangebot. Als Wunschziel nannte *Bachert* die Professionalisierung der Vorsitzenden der Aufsichtsräte auch kleinerer Einrichtungen. Die Umsetzung dieses Ziels müsse jedoch noch entsprechend konkretisiert werden.

Hinsichtlich der Frage des „Spielverständnisses" berichtete *Bachert* von den Ansätzen des Führungskräftekodex der Diakonie. Dieser solle, in der Theorie, eine „Sperrriegelfunktion" entfalten, um ein postkonventionelles Verhalten, also ein tieferes Verständnis der Anforderungen und ihrer – manchmal - erforderlichen Ausnahmen zu fördern. Dies diene der Vermeidung eines Rückfalls auf eine niedrigere Moralstufe.

Reichold charakterisierte diesen Vorgang als Lernprozess. Die *„business judgement rule"* in Bezug auf unternehmerische Entscheidungen solle nun auch auf kirchliche Einrichtungen Anwendung finden. Danach müssten bestmögliche Informationen verwertet werden, um sich im Falle des unternehmerischen Scheiterns keiner juristischen Haftung im Sinne von § 276 BGB ausgesetzt zu sehen. Die unternehmerische Haftung gelte auch für die Diakonie. Hier schließe sich aber die Frage an, ob die verantwortungsvolle Unternehmensführung und ihr Nachweis in der Zukunft ohne einen gezielten Aufbau von Führungskräften an dieser Stelle so einfach zu haben sei.

Unterstützend berichtete *Teske* von seinen Erfahrungen innerhalb der Diakonie Mitteldeutschland. Dort fände sich eine Vielfalt von Professionalität in den Einrichtungen. Gerade für die kleineren Einrichtungen sei die Umsetzung der Vorgaben jedoch schwierig. Ein erster Ansatz sei jedoch bereits das Sich-Beschäftigen mit diesen Themen. Insofern sei der Lernprozess bei diesem Vorgang von äußerster Wichtigkeit. Im Rahmen seiner 20-jährigen Berufserfahrung habe *Teske* erkannt, dass häufige Ursache für die Schieflage einiger Einrichtungen die Nichtbeachtung der Vorgaben des Corporate Governance Kodex sei. Ein Grundvertrauen in die Richtigkeit der eigenen Handlungen sei bislang noch zu ausgeprägt. Demgegenüber müsse zwischen Leitung und Aufsicht häufiger getrennt werden. *Teske* sprach hierbei von einem „checks and balances"-System. Württemberg sei hierbei bereits ein Stück weiter als andere Gebiete in Deutschland. Entscheidend sei, dass verpflichtende Weiterbildungen für Aufsichtsgremien angeboten würden, in welchen sich diese ihrer Rolle und ihrer Aufgaben bewusst werden könnten. Insgesamt betonte er jedoch, dass nicht für jede Einrichtung, gleich welcher Größe, dieselben Anforderungen gelten dürften, weil dies für die kleineren nicht umsetzbar sei.

Obgleich *Ursel Spannagel* (BruderhausDiakonie – Sozialpsychiatrische Hilfe Reutlingen-Zollernalb) die Professionalisierung von Aufsichtsgremien begrüßte, sah sie gleichsam die Gefahr, dass mit der Professionalisierung und dem Wirtschaftlichkeitspostulat die diakonische Identität in Vergessenheit gerate. Als Beispiel nannte sie die Besetzung von Aufsichtsgremien mit Aufsichtsräten, welche einen pädagogischen oder theologischen Hintergrund vermissen ließen.

Nach der persönlichen Erfahrung von *Ulrich Maier* (Diakonie Stetten, Vorsitzender der AGMAV) seien die härteren Themen des Risikomanagements bereits ausreichend implementiert. Er sei viel mehr daran interessiert, ob und inwieweit die Diskussion von weicheren, ethischen Faktoren stattfinde und ob diese auch Akzeptanz finde.

Daran anschließend warf *Katrin Völker* (Rechtsanwältin bei Voelker & Partner) kritisch ein, dass sich hier dann auch die Frage der Implementierung und der Sanktionierung stelle. Es gebe ja auch „kein Spiel ohne Schiedsrichter".

Reichold bezeichnete darauf die Frage der Sanktionierung als Schnittstelle zwischen dem vorbildlichen Verhalten und den Regeln, die dieses fixieren. Eine Androhung der Sanktionierung in Bezug auf auffällige Einrichtungen sei gleichsam eine Möglichkeit.

Bachert widersprach *Spannnagel* und betonte, dass bereits die Präambel des Kodex der Diakonie Württemberg nicht nur die Fachlichkeit und Wirtschaftlichkeit, sondern auch die Christlichkeit betone, welche Aufsichtsräte/Aufsichtsrätinnen aufweisen sollten. Diese sollten daher primär ein theologisches Kompetenzprofil aufweisen, aber eben auch ein fachliches, wirtschaftliches und rechtliches. Dies sei für eine wirksame wirtschaftliche Aufsicht unumgänglich.

Bachert gab seine Erfahrungen aus der Arbeitsgruppe zur Überarbeitung der Ethikrichtlinie wieder. Das Diakonische Werk Deutschland habe die Intensivierung des ethischen Profils abgelehnt und stattdessen den Fokus auf die rechtliche Ausarbeitung des Themas gelegt. Gleichwohl habe er darauf bestanden, dass die „Ethik" ihren Weg auch in den Kodex finde. Auch in der Kirche könne es nicht falsch sein, in die Präambel aufzunehmen, dass der kirchliche Auftrag und das diakonische Profil zu einer ordentlichen Corporate Governance verpflichteten.

Bezüglich der Frage der Ernsthaftigkeit des Kodex berichtete *Bachert* von der anfänglichen Idee, im Arbeitsvertrag die Geltung des Kodex zu statuieren. Dies sei aber nicht ausreichend gewesen. Stattdessen sei es erforderlich, dass jeder Mitarbeiter/jede Mitarbeiterin individuell angesprochen werde.

Reichold fragte, ob die AGMAV-Vertreter mit dem Aufsichtsrat nicht eine gewisse Mitbestimmung hätten implementieren können oder sich hierbei bewusst zurückgehalten hätten, was jedoch von *Spannnagel* verneint wurde. Weiter schlug er vor, das weltliche Prinzip des *„comply or explain"* des Deutschen Governance Kodex auf den Non-Profit-Bereich zu übertragen. Danach müsse ein börsennotiertes Unternehmen entweder darlegen, dass es den Kodex eingehalten habe oder *erklären*, warum dies nicht der Fall gewesen sei. Dies biete sich als weitere Zwischenstufe für solche Einrichtungen an, die offensichtlich Schwierigkeiten bei der Umsetzung des Kodex hätten und als „Risikoeinrichtungen" erkannt würden.

Bachert erklärte, dass dieser Schritt bereits gegangen sei. Bei der Umsetzung wurde eine Checkliste erstellt und würden die Prüfer im Kodex angehalten zu bestätigen, dass die Anforderungen des Kodex bei der Prüfung eingehalten wurden. Zudem wurde eine regelmäßige Effizienzprüfung empfohlen. Seiner Einschätzung nach seien an dieser Stelle bereits alle rechtlichen Gestaltungsmöglichkeiten genutzt worden.

Drexl betonte, dass dies von einem Spitzenverbandvertreter aufschlussreich und interessant klinge, er sich aber wundere, welche Rolle der Oberkirchenrat/die Oberkirchenräte als eigentliche kirchliche Aufsichtsbehörde hier einnähmen. Die bisherige Diskussion habe den Anschein aufkommen lassen, dass die Aufsicht durch diese gar nicht mehr stattfinde.

Auf die Frage, ob und wie eine institutionelle Zusammenarbeit mit dem Oberkirchenrat aussehe, erwiderte *Bachert*, dass die Diakonie für ihre Mitglieder zuständig und der Oberkirchenrat für die Kontrolle des Corporate Governance bei den Einrichtungen, die der Kirchenaufsicht unterliegen, verantwortlich seien. Im Bereich der Zuständigkeit der Diakonie wirke die Einrichtung selbst auf die Erfüllung des DCG hin, nur im Falle des „Schiefgehens" trete der Spitzenverband hinzu.

III. Diskussion nach Schwendele

Der Referent habe den katholischen Bereich des Mitarbeitervertretungsrechts angesprochen, stellte *Reichold* einleitend fest. Es stehe jedoch außer Frage, dass auch im evangelischen Bereich die Materie nicht zur vollsten Zufriedenheit - zumindest der Mitarbeiter - geregelt sei. Die entscheidende Frage habe *Schwendele* jedenfalls angesprochen: Eine gute Unternehmenskultur ohne die Beteiligung der Mitarbeitervertretung sei undenkbar. Auch die bischöfliche Begleitgruppe zur Institutionenorientierung der Grundordnung mache sich derzeit Gedanken nicht nur über den Alltag in der Dienstgemeinschaft, sondern auch über den spirituellen Hintergrund. Zentral sei die Überlegung, ob Unternehmensleitbilder, auf die Einrichtung heruntergebrochen, nicht tatsächlich die Dienstgemeinschaft erst ausmachen. Dieser Denkprozess sei noch nicht abgeschlossen und es sei noch offen, ob dieser Gedanke in die Grundordnung Eingang finde.

Interessant sei nun, was bei der Selbstvergewisserung einer katholischen oder evangelischen Identität in der jeweiligen Einrichtung passiere. *Schwendele* habe nachdrücklich die von ihm erlebten Niederlagen geschildert, wobei es wohl auch Gegenbeispiele gebe. Zudem sei man, auch wenn das weltliche Recht nicht übernommen werden solle, geneigt zu fragen, warum das, was im weltlichen Recht bei der Mitbestimmung gang und gäbe sei, nicht auch in der Kirche möglich sei.

Darauf wendete *Drexl* ein, dass der Prozess der Überlegungen noch nicht abgeschlossen sei, was auch *Schwendele* wisse. Es gebe dabei drei Problemfelder: Gesamtmitarbeitervertretung, betriebliche Mitbestimmung etwa durch den Wirtschaftsausschuss, sowie die Unternehmensmitbestimmung in den Organen der Unternehmen, wie sie nach dem Mitbestimmungsgesetz stattfinde.

Die Gesamtmitarbeitervertretung sei nach seiner Einschätzung sehr sinnvoll, was ihm auch jeder Praktiker bestätige. Denn dank dieser müsse man nicht mit jeder Mitarbeitervertretung separat diskutieren. In seiner Diözese gäbe es derzeit keine Gesamtmitarbeitervertretung, und das sei ein Problem. Die Frage, ob *Schwendele* nicht auch Vorsitzender einer Gesamtmitarbeitervertretung sei, verneinte dieser und gab an, dass er dieses Amt aufgegeben habe und nun nur noch auf Bundesebene aktiv sei.

Eine andere Sache sei, so *Drexl*, der Wirtschaftsausschuss. Da mache man sich derzeit Gedanken, zudem habe man die MAVO bereits reformiert bezüglich der Informationsrechte bei Betrieben über 50 Mitarbeitern. An dieser Änderung vor einigen Jahren sehe man, dass die Dinge in diesem Bereich nicht statisch gleich geblieben seien und die Diskussion noch nicht zu Ende sei. Es gebe viele Facetten, die zu berücksichtigen seien, zum Beispiel die verschiedenen Unternehmensarten im Bereich der Mitarbeitervertretungen, einerseits die caritativen, drittfinanzierten Unternehmen, andererseits die Körperschaften des öffentlichen Rechts, die aus Kirchensteuereinnahmen finanziert werden, was zu völlig verschiedenen Voraussetzungen führe.

Auch in der Frage der Unternehmensmitbestimmung sei man noch nicht zu einem Ende gekommen. Hier müsse man sich vor allem anschauen, wo das weltliche Mitbestimmungsrecht gelte, welche Arten von wirtschaftlichen Unternehmen in welchen Größenordnungen erfasst seien und aus welchen gesetzlichen Normzwecken dies geschehe. Dann könne man entscheiden, wo in der Kirche vergleichbare Maßstäbe anzusetzen seien. Diese Diskussion sei angestoßen, aber noch nicht zu Ende geführt.

Darauf entgegnete *Schwendele*, dass seine Diözese diskussionsbereiter sei als viele andere. Doch sei der jetzige MAVO-Entwurf, ein ausgehandelter Kompromiss, in der letzten Sitzung des Arbeitsrechtsausschusses von der Dienstgeberseite der Caritas kategorisch abgelehnt worden. Wenn man solche Wege einschlage und die oberste Ebene der Dienstgeber darauf nur entgegne, dass dies viel zu viel Betriebsverfassung sei und die MAVO im derzeitigen Zustand völlig ausreiche, führe das zu Resignation unter denjenigen, die mitgestalten wollten. Viele Kollegen rieten ihm dazu, mit seiner Lebensenergie etwas anderes zu machen, als die Dienstgeber auf andere Gedanken zu bringen. Das sei besonders problematisch in einer Zeit, in der politisches Engagement unter jungen Leuten sowieso nicht besonders hoch im Kurs läge. Hier wäre ihm ein Impuls vorwärts lieber. Richtig seien die Worte, die der Arbeitsrechtler Prof. *Bepler* im letzten Ausschuss gefunden habe: Er wünsche sich, dass seine Kirche vorangehe. Die Kirche habe etwas zu sagen in der Welt und müsse daher Impulse setzen. Und er, *Schwendele*, vermöge nicht zu erkennen, dass es theologische Gründe gegen eine Unternehmensmitbestimmung gebe. Er müsse *Drexl* beipflichten, man hätte komplizierte Maschinen in der Kirche. Aber da müsse man sich herantrauen.

Auch *Ulrich Maier* differenzierte nach verschiedenen Ebenen. Auf der betrieblichen Ebene verstehe er es nicht, warum die Mitarbeiterseite nicht einbezogen werde. Er selbst arbeite bei der Diakonie Stetten, einer Einrichtung mit etwa 4000 Mitarbeitern, und dort seien die Mitarbeiter, soweit er zurückdenken könne, mit einbezogen worden mit früher drei, inzwischen mit zwei Vertretern. Das habe diesem Gremium nicht geschadet und er selbst sei bereits 24 Jahre dabei. Die Erfahrungen damit seien gut, daher würde er Mut machen in diesem Bereich voranzuschreiten. Auf der Bundesebene sehe es aber in der Diakonie nicht besser aus. So habe man in der Arbeitsrechtlichen Kommission der Diakonie Deutschland die Situation, dass auf der Grundlage eines kirchlichen Gesetzes, des Arbeitsrechtsregelungsgrundsätzegesetzes, die diakonische Konferenz, ein Arbeitgebergremium, die Spielregeln für eine eigentlich paritätische Veranstaltung allein festlegen könne. Er wisse nicht, ob *Schwendele* bewusst das Wort kirchliches Selbstbestimmungsrecht in den Mund genommen habe, seiner Meinung nach gebe es nur ein Selbstverwaltungsrecht. Hier liege das Problem: Manche in den Kirchen meinten, sie hätten ein Selbstbestimmungsrecht. Ein Selbstverwaltungsrecht sei jedoch qualitativ etwas anderes.

Daran anschließend nahm *Birgit Adamek* (Evangelisches Werk für Diakonie und Entwicklung e.V.) Stellung. Zum Mitarbeitervertretungsgesetz sei es nach der letzten Novellierung des MVG-EKD ganz klar, dass es eine Gesamtmitarbeitervertretung gebe. Dies sei auch nur praktisch für den Arbeitgeber. So müsste etwa die Gesamtmitarbeitervertretung Stellungnahmen zu übergreifenden Themen organisieren und nicht der Arbeitgeber. Deshalb verstehe sie nicht, warum man das nicht einrichten sollte.

Zur Fragestellung der wirtschaftlichen Mitbestimmung sei das MVG-EKD auch soweit, dass es den Wirtschaftsausschuss geschaffen habe. Sie habe von keinerlei großen Problemen erfahren, die mit den Wirtschaftsausschüssen im diakonischen Bereich entstanden sein sollten. Es gebe Probleme, aber die müsse man dann besprechen und gemeinsam vorangehen.

Unternehmensmitbestimmung gebe es vereinzelt. Die Diskussion, ob das alle machen sollten, sei ihrer Einschätzung nach davon geprägt, ob die Einzelnen mit ihrer jeweiligen Mitarbeitervertretung damit gute oder schlechte Erfahrungen gemacht haben. Deswegen dauere diese Diskussion bei ihr in der Diakonie auch schon seit drei Jahren an.

In Richtung Beteiligungsrechte der Gesamtmitarbeitervertretung und der AGMAVen bei Regelungen insgesamt bewege man sich ja recht vorsichtig mit der gemeinsamen Geschäftsstelle und dem Anhörungsrecht bei arbeitsrechtlichen Regelungen auf EKD und auf Bundesebene. Zur Arbeitsrechtlichen Kommission der Diakonie Deutschland sei zu bestätigen, dass diese Kommission natürlich die Entscheidungskompetenz für ihren Bereich selbst nur in paritätischer Zusammensetzung habe.

Abschließend dankte *Reichold* für *Schwendeles* Bericht aus der Praxis und wies daraufhin, dass bereits bei der letzten Tagung die Feinheiten der unterschiedlichen MVG- und MAVO-Normen zur Sprache gekommen seien. Er stimmte der These zu, dass die gelebte Mitbestimmungskultur vor Ort den Schritt zu einem weiteren wirtschaftlichen Mitbestimmungsrecht tatsächlich erleichtere oder erschwere, je nachdem, wie kooperativ ausgebildet diese Kultur sei. Er habe aber auch den Eindruck, und der werde von *Bachert* bestätigt, dass es letztlich nur im Sinne der Corporate Governance sei, wenn geschulte, befähigte Mitarbeitervertreter mit am Tisch säßen.

Reichold bedauerte, dass abgesehen von *Drexl* keine katholischen Dienstgeber hier und heute anwesend seien. Daher falle es ihm schwer, *Schwendele*s These zu widersprechen.

IV. Diskussion nach Dr. Rein

Einleitend fragte *Reichold* nach den arbeitsrechtlichen Konsequenzen für die Mitarbeiter, die in Korruptionsskandale verwickelt waren und deren Unternehmen Korruption als „gelebte Praxis" übten. *Rein* verwies auf eine Entscheidung des Arbeitsgerichts München. In diesem Fall ging es um die mittlere Managementebene, die in die Korruption zwar verwickelt war, aber diese nicht selbst zu verantworten hatte. Nach der Rechtsprechung des Arbeitsgerichts München konnten diese Mitarbeiter nicht kündigungsrechtlich belangt werden. *Rein* und *Reichold* werteten diese Konsequenz einstimmig als folgerichtig.

Auf den Inhalt einer Ethikrichtlinie eingehend interessierte es *Schwendele*, ob der Arbeitgeber in diese alles aufnehmen könne, was er wolle (zum Beispiel eine vegetarische Ernährung bei Arbeitnehmern von Produzenten von Biolebensmitteln). Klarstellend entgegnete *Rein*, dass eine Ethikrichtlinie einem Arbeitgeber nicht mehr Befugnisse verleihe, als dieser bereits nach normalem Arbeitsrecht habe. Eine derartige Regelung sei bereits nach allgemeinen Grundsätzen des Arbeitsrechts unwirksam. Eine Einzelweisung mit derartigem Inhalt widerspreche aufgrund des Eingriffs in die private Lebensführung billigem Ermessen und eine entsprechende Regelung im Arbeitsvertrag stelle eine unangemessene Benachteiligung dar. Derartige außerdienstliche Anforderungen könnten bei einem „einfachen" Arbeitnehmer grundsätzlich nicht gefordert werden. In der Führungsebene seien dagegen andere Maßstäbe anzulegen, so zum Beispiel bei dem Vorstandsvorsitzenden, welcher das Unternehmen repräsentiere.

Kritisch betrachtete *Adamek* das Verhältnis von Ethikrichtlinien zum kollektiven Arbeitsrecht. Dieses enthalte bereits meistens Regelungen einer Ethikrichtlinie, zudem könnten Ethikrichtlinien das kollektive Arbeitsrecht nicht einseitig verschärfen. Letztlich dienten Ethikrichtlinien als Motivation für „whistleblowing" und damit für die Gewährung einer besseren Position des Arbeitgebers, so *Adamek*.

Zustimmend erwiderte *Rein*, dass das gültige Rechtssystem nicht durch Ethikrichtlinien geändert werden könne. Sobald daher kollektivrechtliche Regelungen bestünden, gingen diese der Ethikrichtlinie vor. Ethikrichtlinien bewegten sich also in dem hergebrachten arbeitsrechtlichen Rahmen. Die Problemstellung des „whistleblowing" reduziere sich auf die Frage, welche Unternehmenskultur in dem Unternehmen gelebt werden solle. Nach deutschem Verständnis bedeute „whistleblowing" Denunziation. In den USA werde „whistleblowing" ethisch dagegen ganz anders gewertet. Wichtig sei es daher, dass an dieser Stelle der Arbeitgeber „Farbe bekenne".

Droege hinterfragte die von *Rein* dargestellte Reduktion der Einzelweisungsbefugnis für außerdienstliches Verhalten. Er wollte wissen wie der Fall zu lösen sei, wenn die Grundordnung konstituierendes Element des Arbeitsverhältnisses sei und so den Arbeitnehmer umfassend in den Auftrag der Kirche und ein entsprechendes Lebenszeugnis einbinde, das nicht unterscheide zwischen Dienst- und Privatverhalten. Gäbe es dann nicht eine systematische Sperrung der Einzelweisung hinsichtlich der Ethikrichtlinie, da die Dienstgemeinschaft das Thema abschließend erschöpfe, oder könne man das daneben stellen? Wie gestalte sich das systematische Verhältnis zwischen Ethikrichtlinie und der Grundordnung?

Auf diese Frage erwiderte *Rein*, dass die Ethikrichtlinie kein System neben der Grundordnung errichten könne. Wenn die Grundordnung Basis des Arbeitsverhältnisses sei und diese Loyalitätsobliegenheiten konstituiere, dann sei dies der entscheidende Maßstab.

Droege berief sich auf das vom 2. Senat des Bundesverfassungsgerichts betonte verfassungsrechtliche Programm der „Konkretisierung" von Loyalitätsobliegenheiten. Diese Konkretisierung könne nur auf der Grundlage der Grundordnung geleistet werden. Er verdeutlichte damit seine bereits gestellte Frage und wollte wissen, ob die Ethikrichtlinie als Instrument dazu verwendet werden könne, um zu konkretisieren, was die Grundordnung meine.

Dies sei durchaus denkbar, so *Rein*. Es wäre jedoch ein Ansatz, der neu wäre. Bislang habe man sich bei der Erstellung von Ethikrichtlinien darauf konzentriert, bestimmte Verhaltensweisen festzulegen.

Völker warf ein, dass dies konsequenterweise bedeute, dass eine Ethikrichtlinie im kirchlichen Unternehmen „mehr könne" als im weltlichen Unternehmen. Nach dieser Betrachtungsweise könne eine Ethikrichtlinie starken Einfluss auf das außerdienstliche Verhalten von Arbeitnehmern nehmen.

Nach Ansicht *Adameks* bedürfe es hierzu „keiner Kirche". Die verfasste Kirche müsse festlegen, dass mithilfe der Ethikrichtlinien nur Erklärungen, aber nichts darüber hinaus abgegeben werden könnten. Diakonie und Caritas könnten dann nichts daran ändern.

Reichold warf ein, dass dies heute eine obsolete Diskussion wäre, nachdem sich die katholische Kirche auch in Bezug auf außerdienstliche Anforderungen ein bisschen gemäßigt habe. Bisher könnten wohl außerdienstliche Anforderungen als Obliegenheiten durch Weisungen gesichert werden. Soweit könne man heute allerdings nicht mehr gehen, weil sich die neue Grundordnung gerade bezüglich dieser Punkte sehr stark zurücknehme und nur noch öffentlichkeitsrelevante „Ärgernisse" als Kündigungsgründe benenne.

Völkers Aussage aufnehmend betonte *Reichold*, dass Äußerungen auf sozialen Netzwerken sowohl im weltlichen als auch im kirchlichen Arbeitsrecht Anlass zur Abmahnung und gar zur Kündigung geben könnten. Er sehe keinen Anlass, dies im kirchlichen Arbeitsrecht anders zu bewerten als im weltlichen Arbeitsrecht.

Teske wollte wissen, wie Ethikrichtlinien zu bewerten seien, wenn man sich von der formal juristischen Perspektive löse und diese unter Unternehmenskultur-Aspekten betrachte. Gerade für Juristen sei es geboten, sich von dieser Perspektive zu lösen. Dies eröffne einen ganz neuen Zugang zu dem Thema und könne Verständigungsprozesse schaffen. Allein das Sich-Beschäftigen mit der Materie könne bereits ein Gewinn für das Unternehmen sein.

Zustimmend wertete *Rein* einen Austausch und eine Verständigung über das gewünschte Verhalten als förderlich. Ein einseitiges Aufoktroyieren sei kein Beitrag zur Unternehmenskultur. In der Tat habe er bei seinem Vortrag die „juristische Brille" aufgehabt, dies sei aber keine abschließende Sichtweise auf das Thema. Eine derartige Regelung müsse mit Leben und gegenseitiger Akzeptanz gefüllt werden.

Unterstützend warf *Reichold* ein, dass die juristische Untersuchung einer Ethikrichtlinie und deren arbeitsrechtlichen Konsequenzen lediglich die Reaktionsmöglichkeiten des Arbeitgebers auf Verstöße gegen diese darlege. Das Personalgeschäft solle dagegen primär einen konstruktiven Ansatz verfolgen und versuchen, durch Verständigung eine Art „Grundgesetz" der Einrichtung erst nach Verständigungs- und Kommunikationsprozessen mit der Mitarbeitervertretung aufzustellen. Ein „Wiederfinden" der Mitarbeiterseite in den Regelungen erhöhe deren Akzeptanz mit Sicherheit.

Ferner bemerkte er, dass Compliance ein Stück weit auch Misstrauen bedeute. Wer Compliance ausübe, möchte sich vor Haftungsfolgen schützen. Dazu müsse es nicht kommen, wenn eine andere Unternehmenskultur gelebt werde. Mit Blick auf die Tätigkeit *Reins* mutmaßte *Reichold*, dass man als Rechtsanwalt in den Bereich „Compliance" erst dann involviert werde, wenn das „Kind bereits in den Brunnen gefallen" sei. Sich dem anschließend betonte *Rein*, dass der Rechtsanwalt bei der Etablierung der Unternehmenskultur gerade nicht beteiligt sei. Dies sei Aufgabe der Führungsebene, welche eine klare und nachvollziehbare Linie etablieren müsse.

Adamek plädierte dafür, dass sich ein Arbeitgeber genau überlegen solle, ob er dies tatsächlich wolle. Eine Weisung des Arbeitgebers an die Arbeitnehmer, sich ethisch zu verhalten, sei ohne das entsprechende Rahmenprogramm mehr als schwierig. Es sei unwahrscheinlich, dass Arbeitnehmer ohne weiteres aus freiwilligen Stücken weitreichende Ethikrichtlinien als Teil ihres Arbeitsvertrages akzeptieren würden. Adamek warnte davor, dass man hier nicht „das Kind mit dem Bade ausschütte".

Reichold akzentuierte, dass dieser Vortrag dazu diente, rote Linien zu kennzeichnen, die nicht überschritten werden dürften. Er stimmte *Adamek* dahingehend zu, dass sich eine diakonische Einrichtung nicht ohne weiteres eine Ethikrichtlinie mit den typischen weltlichen Regelungen selbst geben sollte.

Abschließend betonte *Rein*, dass im kirchlichen Bereich eine andere Herangehensweise zu fordern sei. Rein rechtlich stellten aber Anforderungen an eine bestimmte Verhaltensweise von Arbeitnehmern eine Weisung dar. Wie diese bezeichnet werde, sei irrelevant. Jedem Träger der Einrichtung sei es zudem überlassen, ob und mit welchem Inhalt Ethikrichtlinien übernommen werden. Er habe die Entwicklung im außerkirchlichen Bereich dargestellt, die nicht vollständig auf den kirchlichen Bereich übertragen werden könne, Ähnlichkeiten seien jedoch vorhanden.

V. Podiumsdiskussion

Zum Abschluss folgte eine Podiumsdiskussion mit *Droege, Reichold, Schwendele und Teske*. Einleitend stellte *Reichold* fest, dass in der Veranstaltung ausgezeichnete Ansätze akzentuiert worden seien, auch wenn der anspruchsvolle Titel vielleicht nicht vollständig mit Leben hätte gefüllt werden können. Eine Dienstgemeinschaft im 21. Jahrhundert in einem zweifellos säkularer werdenden Umfeld heute noch überzeugungskräftig nach außen und nach innen zu konstituieren, dazu bedürfe es Maßnahmen, die nicht zwingend einer juristischen Logik folgen, sondern eher einer unternehmensethischen Kultur den Boden bereiten müssten. Der Kollege *Teske*, der dem Publikum ja bereits als aktiver Diskutant schon vom letzten Symposion 2015 her bekannt sei, vertrete die Diakonie in Mitteldeutschland in einem ausgesprochen säkularen Umfeld. An ihn richtete *Reichold* die Frage, wie sich Unternehmenskultur im Sinne des Themas des Symposions aufbauen lasse.

Teske erläuterte zunächst, dass er in einer Region tätig sei, in welcher unter 10 % der Bevölkerung der Kirche angehörten, auch wenn es sich zumindest teilweise um Stammland der Reformation handele. Gerade in dieser Situation sei es besonders wichtig, so *Teske*, als evangelische oder katholische Christen deutlich zu machen, was Kirche wolle und was sie mache. Kurzum müsse das Profil nach außen getragen und geschärft werden. Da stelle sich natürlich die Frage, wo man Mitarbeiter herbekommen solle. Hierbei hätte er das Bild der „Weinschorle" hilfreich gefunden, um sich klar darüber zu werden, was man tun könne und müsse, um die Kirche nach vorne zu bringen. Die Diakonie Mitteldeutschland versuche sehr bewusst, diese Aufgabe wahrzunehmen. So würden beispielsweise Impulstage veranstaltet, an denen jährlich 800 bis 1000 Mitarbeiter aus den Einrichtungen teilnähmen. Diese „kleinen Kirchentage" böten Workshops und Vergewisserung in Glaubensthemen. Zu nennen seien auch Einführungsveranstaltungen für neue Mitarbeiter in neuen Einrichtungen, die fast monatlich in verschiedenen Regionen stattfänden. Hier könnten neue Mitarbeiter erfahren, wer die Diakonie sei und es bestehe die Möglichkeit, sich einsegnen zu lassen. Zudem habe man zusammen mit den Landeskirchen und den Einrichtungen vor, ein Bildungsprogramm ins Leben gerufen. Dort sollten in den nächsten neun Jahren alle 29.000 Mitarbeiter ein Fortbildungsprogramm durchlaufen, das modulweise aufgebaut sei und hierdurch differenzierte Angebote schaffe. So könnten Kirchenneulinge sich etwa mit dem Ablauf des Kirchenjahres beschäftigen. Kirchenmitglieder, die sich mehr einbringen wollten, könnten zum Beispiel lernen, wie man eine Andacht gestalte.

Die Arbeit am Profil sei, so *Teske*, ganz klar eine Leitungsaufgabe, die aber nicht von der Leitung alleine ausgefüllt werden könne. So sei etwa die Vorstellung falsch, dass es in einem Krankenhaus ausreiche, einen Seelsorger einzustellen, da dieser nicht derjenige sei, der die meiste Zeit mit den Patienten verbringe. Daher müssten selbst die Reinigungskräfte eigentlich auskunftsfähig sein und das Selbstverständnis der Kirche mittragen. Hier müsse man Angebote auch an diese Menschen machen, damit sie auskunfts- und aussagefähig würden. Nur so könne man wirklich nach außen zu den Klienten tragen, was man als Kirche sei und wofür man stehe. Das sei eine große Aufgabe und irgendwann werde man vielleicht auch aus dem Süden und Westen der Republik in den Osten schauen, was dort derzeit gemacht werde.

Über die bei diesen Worten aufkommende Aufbruchsstimmung freute sich *Reichold* und wollte von *Schwendele* wissen, ob eine solche auch bei der Caritas zu spüren sei und ob solche leitungsabhängigen Prozesse, die vielleicht auch beispielhaft sein könnten, auch stattfänden, gerade im Osten und Norden der Republik.

Schwendele schilderte, dass seine Erlebnisse stark geprägt seien von seiner Diözese Rottenburg-Stuttgart und auch durch den Caritaspräsident *Dr. Neher* und „seine" Theologen. So habe man in vielen diözesanen Caritasverbänden theologische Kolleginnen und Kollegen, die sehr genau an der Grundordnungsdebatte dran seien und sich überlegten, wie man sich weg von dem formellen Profil anhand von Kirchenmitgliedschaft, Zugehörigkeit zum Christentum etc. hin zu einem gelebten Profil einer Einrichtung entwickeln könne. Dazu falle ihm das Stichwort „institutionelle Spiritualität" ein. Diese sei natürlich eindeutig leitungsabhängig. Kürzlich habe er mit einer Kollegin gesprochen, die einen Treffpunkt für Mitarbeiter durchführe, bei dem diese sich eine spirituelle Auszeit nehmen könnten. Dabei gehe es nicht um stromlinienförmige Anpassung, sondern es solle ein Raum geschaffen werden, um über sich selbst nachzudenken. Diese Kollegin habe ihm wieder bestätigt, welchen heftigen existenziellen und in vielen Berufen permanenten Problemen die Kolleginnen und Kollegen ausgesetzt seien. Dabei sei die Frage, was der Dienstgeber für einen tue, damit man dies auf

Dauer verkraften könne, virulent und werde, soweit *Schwendele* dies mitbekomme, inzwischen verstärkt in den verschiedenen Verbänden der Caritas diskutiert.

Zudem führte er eine Untersuchung von *Ebert* und einer Kollegin von der Caritas Würzburg an, die neulich durch die Medien gegangen sei. Diese bescheinigte den Caritasmitarbeitern, dass sie selbstverständlich religiös seien, aber sich nicht sagen ließen, wie dies aussähe, also „autonom" religiös. Schöner könne man es nach seiner Auffassung nicht kommentieren. Man sei jetzt aber eigentlich schon weiter. So sei es gut, wenn eine Muslima bei der Caritas im Sinne der Caritas arbeite – soweit sei der Verband inzwischen. Dennoch müsse man ferner über die praktische Umsetzung sprechen und sich darüber klar werden, was die Arbeit in der Caritas auf Dauer mit der Muslima mache.

Dies sei auch seine Frage in Richtung Osten der Republik: Würden die Mitarbeiter nur auskunftsfähig darüber, warum sie ihre Arbeit tun, ohne innerlich mit zu gehen oder wachse da auch wieder eine religiöse Überzeugung und könnten aus diesen Mitarbeitern auch zukünftig Mitarbeiter in den Leitungsebenen gewonnen werden?

Dies sei intendiert, so *Teske*, werde aber nicht zwangsweise vermittelt. So würden etwa Mitarbeiter, die innerhalb der Probezeit nicht in die Kirche eintreten, trotzdem übernommen. Zwang funktioniere nicht, vielmehr sei das Angebot ein Versuch der Überzeugung. Seiner Überzeugung nach seien die Menschen auf der Suche nach Sinngebung und Sinnstiftung und da habe man als Kirche ein sehr gutes Angebot, das man den Menschen näher bringen müsse. Die Hoffnung bestehe, dass durch das Angebot ein Samenkorn gesetzt werden, welches aufgehe. Dabei erlebe man bereits, dass dies geschehe. So gebe es Taufen in den Einrichtungen, zwar keine Massentaufen, aber es komme immer wieder vor. Das Ziel sei daher teilweise erreicht.

Zum anderen Thema der muslimischen Mitarbeiter sei in seiner Organisation zunächst einmal ein Diskussionsprozess entstanden. Dessen Ziel sei es herauszufinden, wie man damit umgehe. Vor allem wenn 50 – 60 % der Kinder einen Migrationshintergrund hätten, stellten sich spannende Fragen. Hierzu gebe es aber noch keine Antworten. Von der Beantwortung dieser Fragen hänge jedoch die Zukunft ab, weshalb man sich damit intensiv beschäftige.

Dies aufgreifend stellte *Reichold* an den Staatskirchenrechtler *Droege* die Frage, ob man Caritas und Diakonie mit anders- und nichtreligiösen Mitarbeitern organisieren könne, ohne die Privilegien der verfassungsrechtlichen Autonomie zu verlieren. Dies sei genau das, was gerade versucht werde, so *Droege*. Man versuche, das schwindende personale Substrat der Caritas und Diakonie durch eine Verhaltenserwartung an die Institution zu ersetzen. Das, was man von dem Menschen nicht mehr verlangen wolle oder könne, versuche man durch ein normatives „Setting" zu ersetzen. Das nenne man dann etwa Ethikrichtlinie. Und wenn Caritas und Diakonie über die Zukunft redeten, dann käme genau das dabei heraus. Dabei gäbe es keine autonome Religiosität in der Caritas und Diakonie. Denn sie seien Kirche. Als Lutheraner habe man immer das Problem, der Leitung einen Platz in der Kirche zuzuweisen und das trenne Lutheraner seit jeher von den Reformierten. Caritas und

Diakonie seien ein wenig aus diesem Problem heraus entstanden und hätten sich auch nie als Teil der Kirche verstanden. Entstanden als Gegen- oder Nebenbewegung aus Laien, zwar verbunden mit der Kirche, aber um Autonomie bemüht. Und diese Autonomie könne wirken: Die Idee, dass Caritas Mission sei, was für die Caritas vielleicht noch leichter sei als für die Diakonie, sei wunderbar. Wenn Räume geschaffen werden, in denen Kirche zum Menschen gelange, habe Caritas ihren Sinn erreicht.

Dennoch müsse er betonen, dass man über Art. 137 Abs. 3 WRV nicht hinweg könne. Man dürfe die Ableitungszusammenhänge nicht übersehen. Solange man Kirche personal strukturiere, könne man nicht auf die Personen verzichten. Es gehe nicht darum, eine „Kuschelecke" für religiöse Befindlichkeiten zu schaffen, sondern Bekenntnis in Caritas und Diakonie lebendig zu machen. Aber es gehe um Bekenntnis, nicht um religiöse Autonomie. Dies sei zwar eine konservative Ansicht, aber müsse so gesagt werden.

Reichold griff die Metapher der Weinschorle auf und hinterfragte, ob tatsächlich eine „Verwässerung" vorliege. Die Einrichtung als solche habe ein christliches Etikett, aber es gebe Einrichtungen (vor allem im Osten), bei denen nur noch die Chefetage eine christliche Prägung im Sinne einer christlichen Konfession aufweise. Bedeute dies das „Aus" für eine kirchliche Einrichtung? Dies sei die entscheidende Kernfrage.

Verneinend betonte *Droege*, dass es dies nicht bedeute, aber es werde anspruchsvoller. Abgestufte Loyalitäten seien anspruchsvoller als Loyalität in einer homogenen Gruppe von Kirchenmitgliedern. Je mehr man dies auf die Institutionen verlagere, desto mehr bestünden abweichende individuelle Präferenzen. Über diese müsse man sich vielleicht hinwegsetzen, wenn man den Charakter der Einrichtung retten wolle. Die individuellen Präferenzen müssten dann mit dem allgemeinen Leitbild abgeglichen werden. Das werde letztlich rechtlich geleistet. Je weniger christliches Substrat daher vorhanden sei, desto schwieriger und anspruchsvoller werde daher die Umsetzung, so Droege.

Teske vertrat die Auffassung, dass das von *Droege* aufgeworfene Problem der fehlenden autonomen Religiosität für die Diakonie leichter umzusetzen sei. In dem Leitbild der Diakonie fände sich der Satz „Diakonie ist Kirche". Diakonie ohne Kirche sei daher für *Teske* keine Diakonie und Kirche ohne Diakonie keine Kirche im evangelischen Sektor. Beide Institutionen seien untrennbar miteinander verbunden. Gleichfalls sei der Umgang mit der personellen Verflechtung eine Herausforderung für die Diakonie. Dies sei gerade im Osten relativ gut gelungen, wenn man circa 20 – 25 Jahre zurückschaue. Diakonie und Caritas hätten im Osten nur dadurch an Stärke gewinnen können, dass Einrichtungen aus staatlicher Trägerschaft übernommen worden seien. Eine Mehrheit an konfessionell Gebundenen habe es zu diesem Zeitpunkt nicht gegeben. Gerade diese Offenheit forderte *Teske*, um weiter Kirche in der Gesellschaft sein zu können. Es müsse weiterhin die Chance bestehen, missionarisch tätig zu werden, auch wenn ein bestimmter Prozentsatz an konfessionell Gebundenen unterschritten werde. Auftrag der Diakonie und Caritas sei es gerade, Kirche in der Welt zu sein. Dazu seien aber Mitarbeiter notwendig, denn die Kirchlichkeit werde nicht dadurch offenbar, dass im Eingangsbereich ein Kreuz hänge. Vielmehr müssten die Mitarbeiter diesen Auftrag mittragen. Dann sei die Verständigung zwischen Einrichtungsleitung und Mitarbeiter von enormer Wichtigkeit.

Klarstellend betonte *Schwendele*, dass er, wenn er von Caritas und Mission spreche, nicht von Mitgliederwerbung spreche, sondern von der Botschaft der Caritas. Caritas verstehe sich völlig unabhängig davon, ob derjenige, dem geholfen wird, anschließend katholisch werde oder nicht. Auftrag der Caritas sei nicht Mitgliederwerbung für die katholische Kirche.

Reichold stimmte dem zu und konnte diesbezüglich keinen Dissens zwischen den Referenten erkennen. Er berichtete von seiner persönlichen Erfahrung aus einem Pflegeheim in Darmstadt. Die Einrichtung habe nicht erkennen lassen, dass es eine diakonische Einrichtung gewesen sei. Ein „bisschen Symbol" habe sich *Reichold* dann doch gewünscht, aber dabei dürfe es letztlich natürlich nicht bleiben.

In beiden großen Kirchen sei die rechtspolitische Tendenz erkennbar, sich auf die säkulare Zukunft des 21. Jahrhunderts einzustellen. Dies sei „ganz oben" angekommen. Er gehe davon aus, dass es zunehmend Einrichtungen gebe wo es notwendig sei, Mitarbeiter zu beschäftigen, die nicht die jeweilig entsprechende Konfession aufweisen, aber sich dennoch für einen sozialen Dienst engagieren wollten. Was damit zusammenhänge, sei heute bereits mehrfach betont worden. Die Führung einer Einrichtung müsse deutlicher den Kern oder die Motivation für dieses soziale diakonische bzw. caritative Handeln herausarbeiten. Dies sei Konsequenz des Nächstenliebe-Gebots Jesu Christi. Diese

Grundierung des kirchlichen Dienstes und die mit diesem assoziierten Tugenden und Leitwerte könnten auch von christlichen Mitarbeitern heute nicht mehr selbstverständlich als Hintergrund erwartet werden, sondern bedürften einer ständigen Vergewisserung. Deshalb sei es nicht ganz falsch, wenn neue „Techniken" erprobt würden. Die Einrichtungsleitung müsse deutlichere Impulse aussenden, aber auch empfangen.

Martin Zahner fiel auf, dass auf dem Podium sehr stark diskutiert worden sei, inwieweit sich das christliche Menschenbild auf den Kunden auswirke, nicht aber in Bezug auf den Mitarbeiter. Er wünsche sich nicht nur eine andere Führung im Hinblick auf das Ergebnis, den Klienten, sondern gerade auch für die Mitarbeiter.

Reichold erwiderte, dass es deutlich geworden sei, dass Mitarbeiterschulungen an Intensität gewinnen müssten. Der Nachholbedarf diesbezüglich bestünde nicht nur auf Seiten von konfessionell Ungebundenen, sondern auch bei Mitarbeitern, die die Taufe empfangen hätten.

Zahner warf ein, dass auch gerade das Führungsverhalten der Mitarbeiter in Binnenbeziehungen verbessert werden müsse. Gerade in diesem Bereich habe er viele nicht christliche Verhaltensweisen erlebt. Ein Punkt sei zum Beispiel das Thema der Unternehmensmitbestimmung. Es sei für ihn als Theologe nicht nachvollziehbar, warum das Betriebsverfassungsgesetz mit seinen besseren Formulierungen nicht auf die Dienstgemeinschaft Anwendung finde.

Reichold erinnerte sich, dass der Referent *Dr. Eder* einen ähnlichen Standpunkt auf dem letztjährigen Symposion vertreten habe. Vielfach sei die Frage aufgekommen, warum „wir" nicht besser seien als das Betriebsverfassungsgesetz. Diese Frage bleibe jedoch zur Zeit noch offen.

Abschließend bedankte sich *Reichold* für die rege Beteiligung und prognostizierte, dass dieses Thema weiterhin aktuell bleiben werde. Er wolle keine rein kirchenarbeitsrechtlichen Fortbildungen betreiben, sondern sich über die Grundlagen dieses kirchlichen Arbeitsrechts austauschen. Keineswegs sollte dadurch aber eine „drohende" Streichung der Privilegien kommuniziert werden. Die Aussage von Papst Benedikt XVI. im Jahre 2011 in Freiburg, welcher die „Entweltlichung" der Kirche empfohlen habe, hätte bei den Arbeitsrechtlern der katholischen Kirche Verunsicherung ausgelöst. Die derzeitige kirchenarbeitsrechtliche Verfassung sei aber ausreichend stabil, so dass diese auch weitergehende Reformen ertragen werde. Mit Spannung werde die erste Entscheidung des Europäischen Gerichtshofs zum Thema Loyalitätsobliegenheiten erwartet, welcher zwei Vorlagen des Bundesarbeitsgerichts, unter anderem der Chefarzt-Fall, derzeit bearbeite.

Anhang

Diakonie
Württemberg

CORPORATE GOVERNANCE KODEX
für die Diakonie in Württemberg

Verabschiedet von der Mitgliederversammlung des Diakonischen Werks der evangelischen Kirche in Württemberg e.V. am 18. November 2005.

Geändert in der Mitgliederversammlung am 14. November 2007.

Geändert in der Mitgliederversammlung am 10. November 2010.

Präambel
Der „Corporate Governance Kodex für die Diakonie in Württemberg" (DK) beschreibt wesentliche Grundlagen zur Leitung und Überwachung diakonischer Einrichtungen und Dienste in Württemberg und enthält Standards und Empfehlungen guter und verantwortungsvoller Unternehmensführung. Er lehnt sich an den Deutschen Corporate Governance Kodex an.

Der DK beschreibt die Rahmenbedingungen für das Zusammenspiel der in der jeweiligen
Organisation wirkenden Organe. Diakonie ist gelebter Glaube der christlichen Gemeinde in Wort und Tat. Der Kodex soll dazu beitragen, dass das diakonische Profil, die Fachlichkeit und die Wirtschaftlichkeit

aller Mitgliedseinrichtungen gefördert werden. Die Empfehlungen der Diakonischen Konferenz werden vom Kodex nicht berührt.

Den Vorständen, Geschäftsführungen und Aufsichtsgremien der Träger wird nachdrücklich empfohlen, dafür Sorge zu tragen, dass die Beachtung betriebswirtschaftlicher Grundsätze eine hohe Priorität hat.

Der Kodex wurde in einem intensiven verbandlichen Diskussionsprozess entwickelt. Er enthält Empfehlungen, die über die Darstellung des geltenden Rechts hinausgehen oder das Gesetz in bestimmter Weise ausfüllen. Diese sind im Text durch die Verwendung des Wortes „soll" gekennzeichnet. Diese „Soll-Empfehlungen" müssen von den Mitgliedern der Diakonie in Württemberg nicht zwingend angewandt werden. Weiterhin enthält der DK Anregungen, die mit „kann" gekennzeichnet sind. Es handelt sich dabei um nicht verbindliche Anregungen, deren Anwendung jedoch eine gute Corporate Governance auszeichnen.

Der Kodex richtet sich an alle Mitglieder des Diakonischen Werkes der evangelischen Kirche in Württemberg, unabhängig von deren Rechtsformen. Über die Aufteilung in „Soll-" und „Kann-Vorschriften" wurde der Größe der Träger Rechnung getragen. Die Punkte des DK, die von der Mitgliedseinrichtung nicht angewandt werden, müssen bei der Übersendung des Jahresabschlusses an das DWW in angemessener Form bekannt gegeben werden.

Der Kodex wird regelmäßig überprüft und bei Bedarf weiterentwickelt. Das verbandliche Risikomanagement und der Corporate Governance Kodex für die Diakonie in Württemberg ergänzen sich gegenseitig.

1. Leitungsgremium (Vorstand, Geschäftsführung)

1.1. Zusammensetzung
1.1.1. Die Besetzung des Leitungsgremiums orientiert sich an der Größe und dem Aufgabenspektrum des Trägers bzw. der Einrichtung und soll aus mindestens zwei Personen bestehen. Dies gilt insbesondere bei der Überlegung, ob ein ehrenamtliches oder hauptamtliches Gremium gebildet werden soll.
1.1.2. Das Leitungsgremium kann, entsprechend der Größe und dem Aufgabenspektrum des Trägers bzw. der Einrichtung, aus

mehreren qualifizierten Persönlichkeiten bestehen und eine/n Vorsitzende/n oder Sprecher/in haben. Besteht das Gremium aus mehreren Personen, soll eine Geschäftsordnung die Geschäftsverteilung und die Zusammenarbeit im Gremium regeln.

1.1.3. Eine Befristung der Bestelldauer für das Leitungsgremium kann vom Träger geregelt werden. Die Vor- und Nachteile einer Befristung sind gegeneinander abzuwägen.

1.1.4. Die gesetzliche Altersgrenze der Sozialversicherung soll eingehalten werden.

1.2. *Aufgaben und Verantwortung*

1.2.1. Das Leitungsgremium führt die Geschäfte des Unternehmens. Es hat dafür zu sorgen, dass die politischen und unternehmerischen Zielvorgaben zur Erfüllung des Unternehmensauftrags unter Berücksichtigung des kirchlich-diakonischen Auftrags eingehalten werden.

1.2.2. Das Leitungsgremium sorgt für ein adäquates Risikomanagement und ein zielgerichtetes Qualitätsmanagement im Unternehmen.

1.2.3. Die Mitglieder des Leitungsgremiums unterliegen einem umfassenden Wettbewerbsverbot. Die Mitglieder des Leitungsgremiums dürfen als solche weder für sich noch für andere Personen von Dritten Zuwendungen oder sonstige Vorteile fordern oder annehmen oder Dritten ungerechtfertigte Vorteile verschaffen.

1.2.4. Die Mitglieder des Leitungsgremiums sind dem Unternehmensauftrag verpflichtet.
Kein Mitglied des Leitungsgremiums darf bei seinen Entscheidungen persönliche Interessen verfolgen und Geschäftschancen, die dem Unternehmen zustehen, für sich nutzen.

1.2.5. Nebenbeschäftigungen dürfen nur nach Rücksprache mit dem Aufsichtsgremium übernommen werden. Die Ausübung von Mitgliedsrechten bleibt von dieser Regelung unberührt.

1.2.6. Aufgaben, Kompetenzen, Rechenschaftspflichten und Verantwortlichkeiten sind klar zu regeln und zu dokumentieren.

1.2.7. Die Mitglieder des Leitungsgremiums sind für ihre Tätigkeit verantwortlich und können gegebenenfalls persönlich haftbar gemacht werden. Für eine Versicherung ist angemessen Sorge zu tragen.

ANHANG

1.3. Führungs- und Steuerungsinstrumente
Instrumente einer guten und verantwortungsvollen Unternehmensführung sind für die Bereiche Controlling, Leitung und Aufsicht sowie Risikomanagement zu entwickeln und anzuwenden. Ein effektives Berichtswesen ist zu praktizieren.

**2. Aufsichtsgremien
(Aufsichts-, Verwaltungs-, Stiftungsrat oder Beirat u.ä.)**

2.1. Zusammensetzung
2.1.1. Jedes Mitglied/Jeder Rechtsträger soll neben der Leitung eine Aufsichtsebene bilden. Eine Einrichtung, deren Muttergesellschaft ein Aufsichtsgremium hat, ist von dieser Verpflichtung ausgenommen. Die Aufsichtsebene soll aus drei bis neun Personen, entsprechend der fachlichen und wirtschaftlichen Bedeutung des Unternehmens, bestehen.

In begründeten Fällen kann die Aufsichtsfunktion auch durch eine Gesellschafterversammlung oder Mitgliederversammlung wahrgenommen werden.

2.1.2. Es soll darauf geachtet werden, dass sich die Mitglieder des Aufsichtsgremiums neben der diakonischen Kompetenz mit grundlegenden fachlichen und persönlichen Kompetenzen ergänzen.

2.1.3. Personen mit persönlich wirtschaftlichem Interesse sollen in der Regel von einer Mitwirkung in Aufsichtsgremien diakonischer Unternehmen ausgeschlossen sein.

2.1.4. Die Arbeit des Aufsichtsgremiums darf nicht durch andere Interessen überlagert werden. Die Verschaffung von persönlichen Zuwendungen oder sonstigen Vorteilen für sich selbst oder Dritte ist den Mitgliedern von Aufsichtsgremien untersagt. Bei Interessenskonflikten bedarf es eines geeigneten Verfahrens der Konfliktlösung.

2.1.5. Die Selbstergänzungswahl bzw. Zuwahl oder Aufnahme von Mitgliedern in das Aufsichtsgremium durch die gewählten Mitglieder des Aufsichtsgremiums soll ver- mieden werden.

2.1.6. Jede Wahl beziehungsweise Berufung kann zeitlich befristet sein, wobei die ein- malige oder mehrmalige Wiederwahl möglich sein soll.
Allerdings kann von Zeit zu Zeit die Möglichkeit der personellen Erneuerung des Gremiums bestehen. Die Wahl- beziehungsweise Berufungsperiode soll mindestens zwei Jahre, höchstens sechs Jahre dauern.
2.1.7. Eine Altersgrenze für Mitglieder des Aufsichtsgremiums kann festgelegt werden.
2.1.8. Die Mitarbeit im Aufsichtsgremium ist in der Regel ehrenamtlich. Auslagen können den Mitgliedern erstattet werden, auch kann in der Satzung bzw. im Gesellschaftsvertrag vorgesehen sein, eine Aufwandsentschädigung zu gewähren.

2.2. *Aufgaben und Verantwortung*
2.2.1. Das Aufsichtsgremium soll drei bis sechs Sitzungen pro Jahr abhalten.
2.2.2. Das Aufsichtsgremium überwacht, begleitet und berät das Leitungsorgan. Dazu gehören, unter Wahrung des diakonischen Profils, insbesondere die Genehmigung des Wirtschaftsplans, die Kontrolle von Strategie, Planung und der Ziele des Unternehmens sowie die Kontrolle der Einhaltung der vereinbarten Wirtschaftspläne und des Risikomanagementsystems und auch die Kontrolle der Einhaltung von Genehmigungspflichten. Das Aufsichtsgremium beteiligt sich nicht am operativen Geschäft.
2.2.3. Das Aufsichtsgremium beruft die Mitglieder des Leitungsgremiums. Es soll gemeinsam mit diesen für eine frühzeitige Nachfolgeregelung sorgen.
2.2.4. Das Aufsichtsgremium beschließt die Beauftragung eines unabhängigen Abschlussprüfers und bestimmt den Prüfungsumfang, Sonderprüfungsgegenstände und Prüfungsschwerpunkte. Zum Prüfungsumfang sollen auch der Lagebericht und die Ordnungsmäßigkeit der Wirtschafts- und Geschäftsführung gehören. Der Abschlussprüfer nimmt an den Beratungen des Aufsichtsgremiums über den Jahresabschluss und Konzernabschluss des Unternehmens oder Konzerns teil und berichtet über die wesentlichen Ergebnisse seiner Prüfung.
2.2.5. Das Aufsichtsgremium stellt den Jahresabschluss fest und entlastet die Unternehmensleitung.

2.2.6. Die Mitglieder des Aufsichtsgremiums sind zur Verschwiegenheit verpflichtet.
2.2.7. Die Mitglieder der Aufsichtsgremien können sich durch fachliche Fort- und Weiterbildungsmaßnahmen laufend für die Aufgaben und Verantwortlichkeiten im Sinne dieses Kodexes weiter qualifizieren.
2.2.8. Der Zuständigkeitsbereich des Aufsichtsgremiums einer Muttergesellschaft erstreckt sich auch auf die Tätigkeit des Leitungsgremiums der Muttergesellschaft in einer Tochter- oder Beteiligungsgesellschaft.
2.2.9. Berater- und sonstige Dienstleistungs- und Werkverträge eines Mitglieds des Aufsichtsgremiums mit dem Unternehmen bedürfen der Zustimmung des Aufsichtsgremiums.
2.2.10. Die Mitglieder des Aufsichtsgremiums sind für ihre Tätigkeit verantwortlich. Für eine Versicherung der Mitglieder des Aufsichtsgremiums soll der Rechtsträger angemessen Sorge tragen.

2.3. *Bildung von Ausschüssen*
Zur Effizienzsteigerung bei der Bearbeitung komplexer Sachverhalte kann das Aufsichtsgremium, abhängig von den spezifischen Gegebenheiten und der Anzahl der Mitglieder, fachlich qualifizierte und zeitlich begrenzte Ausschüsse bilden. Dabei ist die Gesamtverantwortung des Aufsichtsgremiums zu beachten.

2.4. *Effizienzprüfung*
Das Aufsichtsgremium soll regelmäßig die Wirksamkeit seiner Tätigkeit reflektieren.

3. Zusammenarbeit zw. Leitung und Aufsicht

3.1. Aufsicht und Leitung sind voneinander zu trennen.

3.2. Das Leitungsgremium und das Aufsichtsgremium arbeiten vertrauensvoll zusammen. Die ausreichende Informationsversorgung der Aufsichtsgremien ist gemeinsame Verantwortung von Leitungs- und Aufsichtsgremium. Gute Unternehmensführung setzt eine offene Diskussion zwischen Leitung und Aufsicht voraus. Die umfassende Wahrung der Vertraulichkeit ist dafür von entscheidender Bedeutung.

3.3. Das Leitungsgremium informiert das Aufsichtsgremium regelmäßig, zeitnah und umfassend über alle für das Unternehmen relevante Fragen der Planung, der Geschäftsentwicklung, der Risikolage und des Risikomanagements. Er geht auf Abweichungen des Geschäftsverlaufs von den aufgestellten Plänen und Zielen unter Angabe von Gründen ein. Das Aufsichtsgremium soll die Informations- und Berichtspflichten des Leitungsgremiums näher festlegen. Der oder die Vorsitzende des Aufsichtsgremiums soll mit dem Leitungsgremium regelmäßig kommunizieren um sich über Strategie, Geschäftsentwicklung und das Risikomanagement des Unternehmens zu informieren und kontrollierend eingreifen zu können.

3.4. Für Geschäfte von grundlegender Bedeutung legen die Satzung oder die Aufsichtsgremien Zustimmungsvorbehalte des Aufsichtsgremiums fest. Hierzu gehören Maßnahmen, die die Vermögens-, Finanz- oder Ertragslage des Unternehmens grundlegend verändern.

3.5. Das Aufsichtsgremium kann bei Bedarf ohne das Leitungsgremium tagen.

3.6. Die kontinuierliche Optimierung der Aufgabenerfüllung ist Aufgabe beider Organe.

4. Vollversammlung (Mitglieder-, Haupt-, Gesellschafterversammlung)

4.1. Einberufung und Zusammensetzung
4.1.1. Die Vollversammlung tagt mindestens einmal pro Jahr.
4.1.2. Personen, die in persönlicher Abhängigkeit zum Unternehmen stehen, sollen nicht Mitglieder oder Gesellschafter sein.

4.2. Aufgaben
Die Vollversammlung bestellt die Mitglieder des Aufsichtsgremiums, entlastet sie und beruft sie gegebenenfalls ab.

4.3. *Stiftungen*
Für Stiftungen sind die unter 4. genannten Bestimmungen nicht anzuwenden.

5. Chancengleichheit von Frauen und Männern

Das Diakonische Werk Württemberg und seine Mitglieder streben eine geschlechtergerechte Zusammensetzung der Gremien, Organe und Leitungsstellen an. Innerhalb von 10 Jahren, d.h. bis zum Jahr 2020, soll ein Mindestanteil von jeweils 40 % Frauen und Männer umgesetzt sein. Dieses Ziel ist durch geeignete Maßnahmen zu befördern.

6. Transparenz

Transparenz in der Zusammenarbeit der Organe und im Rahmen des verbandlichen Risikomanagements ist zu gewährleisten. Die Vergütung der Organe der Mitglieder soll offengelegt werden.

7. Rechnungslegung

7.1. Jahresabschlüsse sind nach den anerkannten Rechnungslegungsgrundsätzen zeitnah zu erstellen. Beteiligungen von nicht untergeordneter Bedeutung im Sinne des HGB sind bekannt zu geben. In diesen Fällen ist die Erstellung eines konsolidierten Jahresabschlusses zwingend. Patronatserklärungen und Rangrücktrittserklärungen sind unter der Bilanz auszuweisen.

7.2. Es können Quartalsabschlüsse oder Zwischenberichte erstellt werden.

7.3. Ein Lagebericht soll erstellt werden.

7.4. Es ist darauf zu achten, dass die Prüfung des Jahresabschlusses zeitnah nach dessen Aufstellung durchgeführt wird.

8. **Internes Berichtswesen**

Es soll ein monatliches Reporting erstellt werden. Dabei geht es um eine transparente Ausarbeitung und Visualisierung aller wesentlichen Begebenheiten im vergangenen Berichtszeitraum.

Diakonie Württemberg

www.diakonie-wuerttemberg.de

Impressum

Diakonisches Werk Württemberg
Heilbronner Straße 180
70191 Stuttgart
Tel.: 0711 1656 – 0
E-Mail: bachert.r@diakonie-wue.de

ANHANG

Grundsatzpapier

Caritasverband der Diözese Rottenburg-Stuttgart

Grundsätze guter und verantwortungsvoller Unternehmensführung für sozial-karitative Träger und Einrichtungen im Caritasverband der Diözese Rottenburg-Stuttgart e. V.

Inhalt

Einführung in die Entwicklung eines Corporate Governance Kodex (CGK) für den DiCV

Corporate Governance Kodex (CGK) – Grundsätze guter und verantwortungsvoller Unternehmensführung für sozial-karitative Träger und Einrichtungen im Caritasverband der Diözese Rottenburg-Stuttgart e. V.

Einführung in die Entwicklung eines Corporate Governance Kodex (CGK) für den DiCV

Generelle Ausgangsbedingungen
Demographischer Wandel, Globalisierung, Strukturwandel, Arbeitslosigkeit und generelle Finanzierungsunsicherheiten bei den öffentlichen Haushalten erfordern nach wie vor große Flexibilität und Anpassungsbereitschaft aller gesellschaftlichen Akteure. Dies gilt in zunehmendem Maße auch für die Anbieter sozialer Dienstleistungen, die in der Vergangenheit auf der Grundlage des Subsidiaritätsprinzips soziale Aufgaben übernommen haben. Vor allem die Einrichtungen der Freien Wohlfahrtspflege und mit ihnen die konfessionellen Träger und Einrichtungen erbringen diese Leistungen in Krankenhäusern, Kindertagesstätten und Pflegeheimen sowie durch ambulante Dienste und Beratungsstellen im Gesundheits- und Pflegebereich sowie in der Familien-, Jugend- und Altenhilfe.

Die Ausgangsbedingungen für das Angebot sozialer Dienstleistungen werden sich nach den bisherigen Prognosen auch weiter deutlich verändern. Dazu zählen unter anderem:

- die Fortschreibung der rechtlichen Rahmenbedingungen;
- die Finanzknappheit von Bund, Ländern und Gemeinden;
- eine Zunahme des Wettbewerbsdrucks (durch privatgewerbliche Einrichtungen sowie insbesondere durch den Prozess der Europäisierung) und geänderte Förderbedingungen sowie
- gesellschaftliche und kulturelle Veränderungen (insbesondere in Form der Entwicklung der Spendenbereitschaft und der Weiterentwicklung der ehrenamtlichen Strukturen).

Ein entscheidender Schritt, um die Wohlfahrtsverbände und die ihnen angeschlossenen Träger und Einrichtungen zukunftsfähig zu machen, ist neben der Professionalisierung des Managements eine Verbesserung der internen Kontrollmechanismen und eine stärkere Transparenz in der Rechnungslegung.

ANHANG

Rechtliche Grundlagen eines CGK
Das Gesetz zur Kontrolle und Transparenz im Unternehmensbereich (KonTraG) wurde 1998 verabschiedet und hatte zum Ziel, die Kontrolle und Transparenz bei Unternehmen zu erhöhen. Dies geschah durch Änderungen des Aktiengesetzes und des Handelsgesetzbuches. Darauf aufbauend wurden im Jahr 2002 mit dem Deutschen Corporate Governance Kodex (DCGK) zusätzliche Empfehlungen erarbeitet, die im selben Jahr durch das Gesetz zur weiteren Reform des Aktien- und Bilanzrechts – kurz Transparenz- und Publizitätsgesetz (TransPuG) genannt – weitgehend umgesetzt wurden.

Der DCGK liefert über die gesetzlichen Vorschriften zur Leitung und Überwachung deutscher börsennotierter Aktiengesellschaften (AG'en) hinaus konkrete Handlungsempfehlungen bzw. Standards für eine gute und verantwortliche Führung durch die Vorstände und Aufsichtsräte und deren Zusammenarbeit mit der Hauptversammlung bzw. den Gesellschaften (Aktionären). Zwar gelten diese gesetzlichen Regelungen nicht direkt für die Wohlfahrtsverbände und die ihnen angeschlossenen Träger und Einrichtungen, allerdings entfalten sie eine so genannte „Ausstrahlungswirkung" auf diese Träger und Einrichtungen.

Gründe für die Einführung eines CGK
Es gibt eine Reihe von Gesetzen und Regelungen, die bereits an anderer Stelle geregelt sind und jetzt unter der Rubrik „Corporate Governance" aufgegriffen werden. Darüber hinaus ergeben sich für den Diözesancaritasverband und die ihm angeschlossenen Träger bereits Regelungen in Form der Arbeitshilfe 182 der Deutschen Bischofskonferenz und Prüfungsrichtlinien des Bischöflichen Ordinariats, die gleichfalls Empfehlungen und Vorgaben für die Ausgestaltung und Prüfung von Trägern und Einrichtungen enthalten. Die nachfolgend vorgeschlagenen Regelungsinhalte zu einem CGK für den DiCV können als konsequente Weiterentwicklung dieser vorgenannten Regelungswerke unter der Prämisse eines in sich stimmigen Gesamtansatzes speziell für die Bedürfnisse des Caritasverbandes und seiner Mitglieder verstanden werden. Darüber hinaus enthalten sie mit den Regelungen zur Spendendokumentation und zur Darstellung des ehrenamtlichen Engagements gleichsam einen transparenten Werteansatz.

Indem sie
- eine Festlegung der Grundsätze für das System der Unternehmensführung und dessen Kontrolle,
- eine Darstellung der klaren Trennung zwischen Aufsicht und Leitung,
- eine transparente Darstellung der Instrumente guter und verantwortungsvoller Unternehmensführung und
- eine Dokumentation der Qualität und Qualifikation der Aufsichtsgremien
- beinhalten, setzen sie auch nachhaltige positive Akzente für die Träger und Einrichtungen: • Stärkung des Vertrauens der Öffentlichkeit in die Managementkompetenz des Trägers
- Wettbewerbsvorteile bei der Spendenakquisition
- besseres Rating durch die Banken
- optimierter Einsatz der betriebswirtschaftlichen Instrumente innerhalb des Trägers
- Führungskräfte und Mitglieder der Aufsichtsgremien werden zur Erledigung ihrer Aufgaben optimal qualifiziert

Die Entwicklung und Weiterentwicklung derartiger Regelungen auf spitzenverbandlicher Ebene bietet folgende Vorteile:
- der Stand der eigenen Organisation in diesem Regelungsbereich lässt sich besser beurteilen
- möglicher Weiterentwicklungsbedarf lässt sich leichter feststellen
- die nicht ganz einfachen Abstimmungsprozesse der Organe zu derartigen Regelungen werden erleichtert und entlastet
- eine strukturierte gemeinsame Umsetzung birgt bessere Möglichkeiten für die Öffentlichkeitsarbeit der Träger und des Spitzenverbandes
- gemeinsame Entwicklungsarbeit ist effizienter als je einzelne Entwicklungsarbeit
- die Erkenntnisse auf der Ebene einzelner Träger kommen auch anderen zu Gute
- eine insgesamt notwendige Entwicklung wird somit schneller möglich

Durch geeignete „Soll"- und „Kann"Formulierungen bleibt die notwendige Flexibilität für die einzelnen Träger erhalten. Mit der vorgesehenen regelmäßigen Überprüfung und ggf. Fortschreibung der Inhalte des CGK soll dem Umstand Rechnung getragen werden, dass die jeweils aktuellen Entwicklungen und Herausforderungen wahrgenommen und aktiv ausgestaltet werden.

Stuttgart, im August 2007

Msgr. Wolfgang Tripp

Johannes Böcker

Dr. Rainer Brockhoff

Corporate Governance Kodex (CGK)

Grundsätze guter und verantwortungsvoller Unternehmensführung für sozial-karitative Träger und Einrichtungen im Caritasverband der Diözese Rottenburg-Stuttgart e. V. – Verabschiedet von der Vertreterversammlung des Caritasverbandes der Diözese Rottenburg-Stuttgart e. V. am 05.04.2008

Präambel
Caritas ist Lebensvollzug der Kirche und nimmt mit ihren sozialkaritativen Einrichtungen teil an
„Gottes barmherziger Sorge um den Menschen" (aus: „Caritas als Lebensvollzug der Kirche und als verbandliches Engagement in Kirche und Gesellschaft", 1999, S. 7). Die sozialkaritativen Einrichtungen verwirklichen mit ihrem Engagement eine Kultur des Helfens, in deren Mittelpunkt der Mensch als Abbild Gottes steht. Der „Corporate Governance Kodex für die Träger des Caritasverbandes der Diözese Rottenburg-Stuttgart" (CGK) beschreibt wesentliche Grundlagen für die Leitung und Überwachung sozial-karitativer Einrichtungen und enthält Standards und Empfehlungen guter und verantwortungsvoller Unternehmensführung.

Der CGK beschreibt die Rahmenbedingungen für das Zusammenspiel der in der jeweiligen Organisation wirkenden Organe und enthält darüber hinaus Regelungen zum Risikomanagement als Teil der strategischen Planung mit Chancen und Risiken, zur Zusammenarbeit der Träger unter Einbindung des Spitzenverbandes, zum Umgang mit Spenden und Erbschaften sowie zum ehrenamtlichen Engagement.
Die Ausdrucksformen einer christlichen Identität bilden die ethischen Grundlagen des Handelns. Daneben gilt es, in den Mitgliedseinrichtungen der Caritas in der Diözese Rottenburg-Stuttgart die wirtschaftlichen Veränderungen in den jeweiligen Hilfefeldern aktiv aufzugreifen und mittels der Anwendung betriebswirtschaftlicher Grundsätze zu konkretisieren.

ANHANG

Geltungsbereich

Der Kodex richtet sich an alle korporativen Mitglieder des Caritasverbandes der Diözese Rottenburg-Stuttgart e. V., unabhängig von deren Rechtsform, mit Ausnahme der Kirchengemeinden und der Ordensgemeinschaften (einschließlich deren Einrichtungen).

Bei Mehrheitsbeteiligungen von Orden können aus sachlichen Gründen, die in der Eigenart des Ordens liegen, abweichende Regelungen getroffen werden, die den Grundsätzen und Standards einer guten und verantwortungsvollen Unternehmensführung im Sinne dieses Kodex entsprechen.

Der Kodex enthält einzelne zwingende Regelungen, die von den Anwendern vollständig umgesetzt werden müssen. Die mit „soll" versehenen Regelungen sind von den Trägern umzusetzen, es sei denn, die Anwendung ist aus grundlegenden Gesichtspunkten heraus nicht möglich. Bei den mit „kann" versehenen Regelungen handelt es sich um nicht verbindliche Vorgaben, deren Anwendung jedoch eine gute Corporate Governance auszeichnen. Der Kodex wurde in einem intensiven verbandlichen Diskussionsprozess entwickelt und will dazu beitragen, das karitative Profil, die Fachlichkeit und die Wirtschaftlichkeit aller Mitgliedseinrichtungen zu stärken.

Die Vertreterversammlung empfiehlt diese Regelungen den Organen der Träger durch Beschluss zur Anwendung zu bringen. Über einen entsprechenden Beschluss informiert der Träger den Diözesancaritasverband.

Der CGK wird seitens des Diözesancaritasverbandes und seiner Mitgliedseinrichtungen regelmäßig überprüft und bei Bedarf weiterentwickelt und angepasst.

Regelungsinhalt

Der CGK enthält Regelungen zum Leitungsgremium, zum Aufsichtsgremium, zur Zusammenarbeit zwischen Leitung und Aufsicht, zur Vollversammlung, zur Zusammenarbeit mit dem Spitzenverband sowie zum Risikomanagement, zum Umgang mit Spenden und Erbschaften sowie zum ehrenamtlichen Engagement.

1. Leitungsgremium (Vorstand, Geschäftsführung)

1.1. Zusammensetzung

1.1.1. Die Besetzung und Größe des Leitungsgremiums orientiert sich an der Größe und dem Aufgabenspektrum des Trägers bzw. der Einrichtung. Bei größeren Einrichtungen und bei einer ehrenamtlichen Geschäftsführung der Einrichtung soll das Leitungsgremium aus mindestens zwei Personen bestehen.

1.1.2. Das Leitungsgremium soll, entsprechend der Größe und dem Aufgabenspektrum des Trägers bzw. der Einrichtung, eine Zusammensetzung aus theologischer, fachspezifischer sowie ökonomischer Kompetenz aufweisen und eine/n Vorsitzende/n oder Sprecher/in haben. Eine Abweichung hiervon ist bei Gremien mit weniger als drei Mitgliedern in den Fällen möglich, in denen auf der zweiten Führungsebene bzw. im Aufsichtsgremium diese Kompetenzen vertreten sind. Besteht das Gremium aus mehreren Personen, soll eine Geschäftsordnung die Geschäftsverteilung und die Zusammenarbeit im Gremium regeln.

1.1.3. Eine Befristung der Bestelldauer für das Leitungsgremium kann vom Träger geregelt werden. Die Vor- und Nachteile einer Befristung sind gegeneinander abzuwägen.

1.1.4. Die gesetzliche Altersgrenze der Sozialversicherung soll eingehalten werden.

1.2. Aufgaben und Verantwortung

1.2.1. Das Leitungsgremium führt die Geschäfte des Unternehmens. Es hat dafür zu sorgen, dass die trägerpolitischen und unternehmerischen Zielvorgaben zur Erfüllung des Unternehmensauftrags unter Berücksichtigung des kirchlich-karitativen Auftrags eingehalten werden.

1.2.2. Das Leitungsgremium sorgt für ein zielgerichtetes Qualitätsmanagement und ein adäquates Risikomanagement im Unternehmen.

1.2.3. Die Mitglieder des Leitungsgremiums unterliegen einem umfassenden Wettbewerbsverbot.

Die Mitglieder des Leitungsgremiums dürfen als solche weder für sich noch für andere Personen von Dritten Zuwendungen oder sonstige Vorteile fordern oder annehmen oder Dritten ungerechtfertigte Vorteile verschaffen.

ANHANG

1.2.4. Die Mitglieder des Leitungsgremiums sind dem Unternehmensauftrag verpflichtet. Kein Mitglied des Leitungsgremiums darf bei seinen Entscheidungen persönliche Interessen verfolgen und Geschäftschancen, die dem Unternehmen zustehen, für sich nutzen.
1.2.5. Nebenbeschäftigungen dürfen nur nach Rücksprache mit dem Aufsichtsgremium übernommen werden. Die Ausübung von Mitgliedsrechten bleibt von dieser Regelung unberührt.
1.2.6. Aufgaben, Kompetenzen, Rechenschaftspflichten und Verantwortlichkeiten sind klar zu regeln und zu dokumentieren.
1.2.7. Instrumente einer guten und verantwortungsvollen wirtschaftlichen Unternehmensführung sind für die Bereiche Controlling, Leitung und Aufsicht sowie Risikomanagement zu entwickeln und anzuwenden. Ein effektives Berichtswesen ist zu praktizieren.
1.2.8. Die Mitglieder des Leitungsgremiums sind für ihre Tätigkeit verantwortlich und können gegebenenfalls persönlich haftbar gemacht werden. Für eine Versicherung ist angemessen Sorge zu tragen.

2. Aufsichtsgremien (Aufsichts-, Verwaltungs-, Stiftungsrat oder Beirat u. Ä.)

2.1. Zusammensetzung
2.1.1. Jedes Mitglied/jeder Rechtsträger soll neben der Leitung ein Aufsichtsgremium bilden. Eine Einrichtung, deren Muttergesellschaft ein Aufsichtsgremium hat, ist von dieser Verpflichtung ausgenommen. Es besteht dann eine Berichtspflicht des Leitungsgremiums an das Aufsichtsgremium der Muttergesellschaft. Das Aufsichtsgremium soll aus drei bis neun Personen, entsprechend der fachlichen und wirtschaftlichen Bedeutung des Unternehmens, bestehen. Bei korporativen Mitgliedern kann der DiCV durch eine Person vertreten sein. In begründeten Fällen kann die Aufsichtsfunktion auch durch eine Gesellschafterversammlung oder Mitgliederversammlung wahrgenommen werden.
2.1.2. Es soll darauf geachtet werden, dass sich die Mitglieder des Aufsichtsgremiums neben der karitativen Kompetenz mit grundlegenden fachlichen und persönlichen Kompetenzen ergänzen. In der Zusammensetzung des Auf-

sichtsgremiums soll das Geschlechterverhältnis angemessen berücksichtigt werden.

2.1.3. Personen mit persönlich wirtschaftlichem Interesse sollen in der Regel von einer Mitwirkung in Aufsichtsgremien sozial-karitativer Unternehmen ausgeschlossen sein.

2.1.4. Die Arbeit des Aufsichtsgremiums darf nicht durch andere Interessen überlagert werden. Die Verschaffung von persönlichen Zuwendungen oder sonstigen Vorteilen für sich selbst oder Dritte ist den Mitgliedern von Aufsichtsgremien untersagt. Mögliche Interessenkonflikte sind offenzulegen. In diesen Fällen bedarf es eines geeigneten Verfahrens der Konfliktlösung.

2.1.5. Die Selbstergänzungswahl bzw. Zuwahl oder Aufnahme von Mitgliedern in das Aufsichtsgremium durch die gewählten Mitglieder des Aufsichtsgremiums soll vermieden werden. Ausgenommen davon sind Stiftungen, bei denen die Zuwahl durch eine externe Bestätigung durch den Bischof erfolgt. (1)

2.1.6. Jede Wahl beziehungsweise Berufung soll zeitlich befristet sein, wobei die einmalige oder mehrmalige Wiederwahl möglich sein soll. Allerdings kann von Zeit zu Zeit die Möglichkeit der personellen Erneuerung des Gremiums bestehen. Die Wahl- beziehungsweise Berufungsperiode soll mindestens zwei Jahre, höchstens sechs Jahre dauern.

2.1.7. Das Aufsichtsgremium soll sich aus entsprechend erfahrenen Personen zusammensetzen. Eine Altersgrenze für Mitglieder des Aufsichtsgremiums soll festgelegt werden.

2.1.8. Die Mitarbeit im Aufsichtsgremium ist in der Regel ehrenamtlich. Auslagen können den Mitgliedern erstattet werden, auch kann in der Satzung bzw. im Gesellschaftsvertrag vorgesehen sein, eine Aufwandsentschädigung zu gewähren.

2.2. Aufgaben und Verantwortung

Unbeschadet der diözesanen Regelungen zur kirchlichen Aufsicht gilt:

2.2.1. Das Aufsichtsgremium soll drei bis sechs Sitzungen pro Jahr abhalten.

2.2.2. Das Aufsichtsgremium berät, begleitet und überwacht das Leitungsorgan. Dazu gehören, unter Wahrung des karitativen Profils, insbesondere die

Genehmigung des Wirtschaftsplans, die Genehmigung von Strategie, Planung und der Ziele des Unternehmens sowie die Kontrolle der Einhaltung der vereinbarten Wirtschaftspläne und des Risikomanagementsystems sowie die Kontrolle der Einhaltung von Genehmigungspflichten. Das Aufsichtsgremium beteiligt sich nicht am operativen Geschäft.

2.2.3. Das Aufsichtsgremium bzw. das jeweils satzungsrechtlich vorgesehene Organ beruft die Mitglieder des Leitungsgremiums. Es soll gemeinsam mit diesen für eine frühzeitige Nachfolgeregelung sorgen.

2.2.4. Das Aufsichtsgremium beschließt die Beauftragung eines unabhängigen Abschlussprüfers und bestimmt den Prüfungsumfang, Sonderprüfungsgegenstände und Prüfungsschwerpunkte. Zum Prüfungsumfang sollen auch der Lagebericht und die Ordnungsmäßigkeit der Wirtschafts- und Geschäftsführung gehören. Der Abschlussprüfer nimmt an den Beratungen des Aufsichtsgremiums über den Jahresabschluss und Konzernabschluss des Unternehmens oder Konzerns teil und berichtet über die wesentlichen Ergebnisse seiner Prüfung.

2.2.5. Das Aufsichtsgremium stellt den Jahresabschluss fest und entlastet die Unternehmensleitung.

2.2.6. Die Mitglieder des Aufsichtsgremiums sind zur Verschwiegenheit verpflichtet.

2.2.7. Die Mitglieder der Aufsichtsgremien können sich durch fachliche Fort- und Weiterbildungsmaßnahmen laufend für die Aufgaben und Verantwortlichkeiten im Sinne dieses Kodexes weiter qualifizieren.

2.2.8. Der Zuständigkeitsbereich des Aufsichtsgremiums einer Muttergesellschaft erstreckt sich auch auf die Tätigkeit des Leitungsgremiums der Muttergesellschaft in einer Tochter- oder Beteiligungsgesellschaft, bei der eine Mehrheitsbeteiligung besteht. (2), (3)

2.2.9. Berater- und sonstige Dienstleistungs- und Werkverträge eines Mitglieds des Aufsichtsgremiums mit dem Unternehmen bedürfen der Zustimmung des Aufsichtsgremiums.

2.2.10. Die Mitglieder des Aufsichtsgremiums sind für ihre Tätigkeit verantwortlich. Für eine
Versicherung der Mitglieder des Aufsichtsgremiums soll der Rechtsträger angemessen Sorge tragen.

2.3. Bildung von Ausschüssen
Zur Effizienzsteigerung bei der Bearbeitung komplexer Sachverhalte kann das Aufsichtsgremium, abhängig von den spezifischen Gegebenheiten und der Anzahl
der Mitglieder, fachlich qualifizierte und zeitlich begrenzte Ausschüsse bilden. Dabei ist die Gesamtverantwortung des Aufsichtsgremiums zu beachten.

2.4. Effizienzprüfung
Das Aufsichtsgremium soll regelmäßig die Wirksamkeit seiner Tätigkeit reflektieren.

3. Zusammenarbeit zwischen Leitung und Aufsicht

3.1. Aufsicht und Leitung sind voneinander zu trennen.

3.2. Das Leitungsgremium und das Aufsichtsgremium arbeiten vertrauensvoll zusammen. Die ausreichende Informationsversorgung der Aufsichtsgremien ist gemeinsame
Verantwortung von Leitungs- und Aufsichtsgremium. Gute Unternehmensführung setzt eine offene Diskussion zwischen Leitung und Aufsicht voraus. Die umfassende Wahrung der Vertraulichkeit ist dafür von entscheidender Bedeutung.

3.3. Das Leitungsgremium informiert das Aufsichtsgremium regelmäßig, zeitnah und umfassend über alle für das Unternehmen relevanten Fragen der Planung, der Geschäftsentwicklung, der Risikolage und des Risikomanagements. Es geht auf Abweichungen des Geschäftsverlaufs von den aufgestellten Plänen und Zielen unter Angabe von Gründen ein. Das Aufsichtsgremium soll die Informations- und Berichtspflichten des Leitungsgremiums näher festlegen. Der oder die Vorsitzende des Aufsichtsgremiums soll mit dem Leitungsgremium regelmäßig kommunizieren, um sich über Strategie, Geschäftsentwicklung und das Risikomanagement des Unternehmens zu informieren und kontrollierend eingreifen zu können.

3.4. Das Aufsichtsgremium gibt sich eine Geschäftsordnung und entscheidet über die Geschäftsordnung des Vorstandes. Darin werden u. a. Geschäfte von grundlegender Bedeutung geregelt.

3.5. Das Leitungsgremium nimmt an den Sitzungen des Aufsichtsgremiums mit beratender Stimme teil.

3.6. Die kontinuierliche Optimierung der Aufgabenerfüllung ist Aufgabe beider Organe.

4. Vollversammlung (Mitglieder-, Haupt-, Gesellschafterversammlung)

4.1. Einberufung und Zusammensetzung
4.1.1. Die Vollversammlung tagt mindestens einmal pro Jahr.
4.1.2. Personen, die in persönlicher Abhängigkeit zum Unternehmen stehen, sollen nicht Mitglieder der Vollversammlung oder Gesellschafter der Gesellschafterversammlung sein.

4.2. Aufgaben
Die Vollversammlung bestellt unter Beachtung ggf. spezieller Regelungen die Mitglieder des Aufsichtsgremiums, entlastet sie und beruft sie gegebenenfalls ab.

5. Zusammenarbeit mit dem Spitzenverband

Leitungs- und Aufsichtsgremium beteiligen sich an verbandsinternen
Maßnahmen zur Umsetzung und Weiterentwicklung des CGK und gewährleisten die Einhaltung mitgliedschaftlicher Mitwirkungs- und Satzungspflichten.

6. Zusammenarbeit der Träger

Die Träger sollen untereinander Informationen austauschen, insbesondere was die jeweilige Standort-, Geschäftsfeld- sowie Innovationspolitik anbelangt und mögliche Kooperationsmöglichkeiten betrifft.

7. Transparenz gegenüber der Öffentlichkeit

Die Mitgliedseinrichtungen veröffentlichen ihr Jahresergebnis und weitere geeignete Leistungszahlen, soweit sich dadurch für sie keine Nachteile ergeben.

8. Rechnungslegung

8.1. Jahresabschlüsse sind nach den anerkannten Rechnungslegungsgrundsätzen zeitnah zu erstellen. Beteiligungen von nicht untergeordneter Bedeutung im Sinne des HGB sind bekannt zu geben. In diesen Fällen ist die Erstellung eines konsolidierten Jahresabschlusses zwingend. Patronatserklärungen und Rangrücktrittserklärungen sind unter der Bilanz auszuweisen.

8.2. Es können Quartalsabschlüsse oder Zwischenberichte erstellt werden.

8.3. Ein Lagebericht soll erstellt werden.

8.4. Es ist darauf zu achten, dass die Prüfung des Jahresabschlusses zeitnah nach dessen Aufstellung durchgeführt wird.

8.5. Der Zufluss und die Verwendung von Spenden und Erbschaften sollen in geeigneter Weise dargestellt und dokumentiert werden. Insbesondere für den Spendenbereich können separate Spendenbilanzen bzw. separate Bestätigungen über die Spendenverwendungen erstellt werden.

8.6. Es soll ein regelmäßiges Reporting (mindestens pro Quartal) erstellt werden. Dabei geht es um eine transparente Ausarbeitung und Visualisierung aller wesentlichen Begebenheiten im vergangenen Berichtszeitraum.

9. Ehrenamtliches Engagement

Die unterschiedlichen Ausprägungsformen des ehrenamtlichen Engagements in den Mitgliedseinrichtungen tragen entscheidend zu deren Profil- und Identitätsbildung als sozial-karitative Einrichtungen bei. Mit dem Ziel, dieses persönliche Engagement zu würdigen und im Außenverhältnis transparent darzustellen, soll hierzu in regelmäßigen Zeitabständen eine separate Darstellung dieses Engagements erfolgen.

Hinweise und Erläuterungen
In den bisherigen Konsultationen des CGK-Entwurfes wurden noch weitere Themen (z. B. Aspekte der Personalentwicklung und Personalführung) mit dem Ziel einer expliziten Aufnahme in den CGK in die Beratungen eingebracht. Hierüber wird noch in den weiteren Gesprächen zu befinden sein.

ANHANG

Anmerkungen

(1) Innerhalb des Stiftungsbereiches finden sich bislang regelmäßig Regelungen zur Zuwahl von Mitgliedern des Aufsichtsgremiums. Vor diesem Hintergrund erklärt sich die spezifische Regelung.

(2) Die Rechte des Aufsichtsrates der Muttergesellschaft beziehen sich in gleicher Weise auch auf die Tochter- und Beteiligungsgesellschaften. Zur Begrifflichkeit der Muttergesellschaft siehe sinngemäß § 290 Abs. 1 HGB.

(3) In diesem Zusammenhang wurde bislang auch die Frage erörtert, inwieweit größenabhängige Regelungsinhalte einzuführen sind. Unter dem Aspekt, dass die wesentlichen unternehmerischen Entscheidungen unabhängig von der jeweiligen Träger- und Einrichtungsgröße anfallen, wurde bislang auf die Einführung größenabhängiger Regelungsinhalte verzichtet. Die Rückäußerung der bischöflichen Aufsicht zu dieser Fragestellung bleibt noch abzuwarten.

(4) Aufgrund deren spezifischer rechtlicher Ausgestaltung gilt diese Bestimmung nicht für Stiftungen.

(5) In den bisherigen Rückmeldungen zu dieser Bestimmung wurde deutlich, dass es ggf. noch einer Sonderregelung für Mitgliedervereine bedarf. Bis zu einer abschließenden Entscheidung in dieser Fragestellung bleibt es bei der bisherigen Regelung.

Herausgeber:

Msgr. Wolfgang Tripp
Diözesancaritasdirektor
Caritasverband der Diözese Rottenburg-Stuttgart e.V.
Strombergstraße 11, 70188 Stuttgart
E-Mail: info@caritas-dicvrs.de
Internet: www.caritas-rottenburg-stuttgart.de

Redaktion: Thomas Wilk
Gestaltung: Thomas Wilk

Autorenverzeichnis

Michael Droege
Professor Dr. iur., Inhaber des Lehrstuhls für öffentliches Recht: Verwaltungsrecht, Religionsverfassungs- und Kirchenrecht sowie Steuerrecht

Robert Bachert
Dr. iur., Finanzvorstand Diakonisches Werk Württemberg

Thomas Schwendele
Mitglied der Arbeitsrechtlichen Kommission des Deutschen Caritasverbandes und der Zentral-KODA; Vorsitzender der Gesamt-Mitarbeitervertretung des Caritasverbandes Diözese Rottenburg-Stuttgart e. V.

Michael Rein
Dr. iur., Rechtsanwalt bei CMS Hasche Sigle

Tabea Kulschewski
Akademische Mitarbeiterin am Lehrstuhl für Bürgerliches Recht, Handels-, Wirtschafts- und Arbeitsrecht an der Juristischen Fakultät der Universität Tübingen und der Forschungsstelle kirchliches Arbeitsrecht.

Samuel Kupffer
Akademischer Mitarbeiter am Lehrstuhl für Bürgerliches Recht, Handels-, Wirtschafts- und Arbeitsrecht an der Juristischen Fakultät der Universität Tübingen und der Forschungsstelle kirchliches Arbeitsrecht.

Hermann Reichold
Professor Dr. iur., Inhaber des Lehrstuhls für Bürgerliches Recht, Handels-, Wirtschafts- und Arbeitsrecht an der Juristischen Fakultät der Universität Tübingen und Leiter der Forschungsstelle kirchliches Arbeitsrecht.

Tübinger Beiträge zum kirchlichen Arbeitsrecht
hrsg. von Prof. Dr. Hermann Reichold (Universität Tübingen)

Hermann Reichold (Hg.)
Reformbedarf im Mitarbeitervertretungsrecht
Kirchliche Mitbestimmung im ständigen Wandel

Das Mitarbeitervertretungsrecht der beiden großen Kirchen soll einerseits der besonderen „Dienstgemeinschaft" rechtliche Form und Ausdruck geben, andererseits von den weltlichen Standards des Betriebs- bzw. Personalverfassungsgesetzes nicht zu weit entfernt bleiben. In diesem Band werden daher besondere Rechtsfragen der katholischen MAVO bzw. des evangelischen MVG anhand der Rechtsprechung der weltlichen und kirchlichen Arbeitsgerichte dargestellt. Außerdem wird die rechtspolitische Diskussion dokumentiert, die eine Novellierung von MAVO bzw. MVG mit dem Ziel besserer Rechtsdurchsetzung, erweiterter Mitbestimmung und mehr Transparenz anstrebt. Dieser Band gibt die Referate und Diskussionen des 4. Symposions der Forschungsstelle für kirchliches Arbeitsrecht an der Universität Tübingen wieder und dokumentiert zudem wesentliche Beschlüsse bzw. Urteile des KAGH (Bonn) und des KGH.EKD (Hannover).
Bd. 5, 2016, 156 S., 24,90 €, br., ISBN 3-643-13495-0

LIT Verlag Berlin – Münster – Wien – Zürich – London
Auslieferung Deutschland / Österreich / Schweiz: siehe Impressumsseite

Elisabeth Hartmeyer
Präjudizialität kirchengerichtlicher Entscheidungen im kollektiven Arbeitsrecht
Zugleich ein Beitrag zum Verhältnis des kirchlichen Betriebsverfassungsrechts zu weltlichen Rechtsordnung

Das kirchliche Betriebsverfassungsrecht, dessen prozessuale Ausgestaltung sowie mögliche Überschneidungen zwischen kirchlichem und staatlichem kollektiven Arbeitsrecht bilden den Schwerpunkt der Arbeit. Untersucht wird, inwieweit die für den Bereich des Betriebsverfassungsrechts gewonnenen Erkenntnisse zur „Rechtskrafterstreckung" auf den kirchlichen Bereich übertragbar sind. Dies birgt u. a. Fragen danach, wie eine mögliche Kollision der Zuständigkeiten zwischen staatlichen und kirchlichen Arbeitsgerichten aufzulösen ist, auf welche Weise sich unterschiedliche oder gar widersprüchliche Entscheidungen vermeiden lassen und wie sich eine Rechtskrafterstreckung der Entscheidungen kirchlicher Arbeitsgerichte in die Praxis umsetzen lässt.
Bd. 4, 2015, 226 S., 39,90 €, br., ISBN 978-3-643-12985-7

LIT Verlag Berlin – Münster – Wien – Zürich – London
Auslieferung Deutschland / Österreich / Schweiz: siehe Impressumsseite

Hermann Reichold (Hg.)
Loyalitätsobliegenheiten im Umbruch
Ist Kirche bereit für neue Wege der Mitarbeiterführung?
Kirchliche Arbeitgeber verlangen von ihren Mitarbeiterinnen und Mitarbeitern nicht nur gute Arbeit, sondern auch kirchengemäßes Verhalten. Wie weitgehend diese Loyalitätsobliegenheiten in das Privatleben eingreifen dürfen, war Gegenstand mehrerer aktueller Urteile des BAG und eines BVerfG-Beschlusses in 2014. Die „Säkularisierung" der kirchlichen Arbeitsbeziehungen lässt sich auch durch kirchenfreundliche Rechtsprechung nicht aufhalten, die Kündigung allein wegen Wiederverheiratung eines leitenden Arztes wird heute als Skandal empfunden. Dieser Band dokumentiert die schwierige Suche nach einer Unternehmenskultur, die gute „soziale" Arbeit in christlichem Auftrag mit der Achtung vor Individualgrundrechten der Mitarbeiterinnen und Mitarbeiter zu vereinbaren sucht. Er gibt die Referate und Diskussionen des dritten Symposions der Forschungsstelle „kirchliches Arbeitsrecht" an der Universität Tübingen wieder und dokumentiert die Urteile des BAG und des BVerfG zum Düsseldorfer Chefarzt.
Bd. 3, 2015, 168 S., 24,90 €, br., ISBN 978-3-643-12891-1

Hermann Reichold (Hg.)
Gewerkschaften im Dritten Weg
Können Kirchenautonomie und Koalitionsfreiheit zusammen kommen?
Der „Dritte Weg" des kollektiven Arbeitsrechts der Kirchen kann seit dem Grundsatzurteil des BAG von 2012 auf die organisatorische Einbindung von Gewerkschaften nicht mehr verzichten. Kirchenautonomie und Koalitionsfreiheit sollen in Einklang gebracht werden. Die Gewerkschaft „ver.di" will sich aber nicht einfügen in das kirchliche Korsett. Und im „Dritten Weg" verankerte Mitarbeitervertreter lassen nicht gern externe Funktionäre ans Ruder. Dieser Band diskutiert die neuen Fragestellungen und befasst sich vor allem mit der Novellierung des ARGG-EKD im Bereich der EKD.
Bd. 2, 2014, 112 S., 24,90 €, br., ISBN 978-3-643-12553-8

Hermann Reichold (Hg.)
Streik im Dritten Weg?
Analysen und Argumente zur kirchlichen Konfliktkultur
Mehrere Arbeitsgerichte haben anno 2011 das kirchliche Streikverbot in Frage gestellt und damit das Harmonie-Ideal in diakonischen Einrichtungen aufgestört. Bevor das BAG am 20.11.2012 einen salomonischen Spruch zum Thema verlauten ließ, setzten sich im Oktober 2012 Experten der Sozial- und Rechtswissenschaften auf Schloss Hohentübingen zusammen, um Rechtswirklichkeit und Rechtspraxis der Arbeitskonflikte im Verfahren des sog. „Dritten Weges" aufzuarbeiten und eine der Verfassungslage angemessene Lösung unter Berücksichtigung europäischen Rechts anzudenken. Dieser Band gibt die Impulsreferate und Diskussionen des Ersten Symposions der Forschungsstelle kirchliches Arbeitsrecht an der Universität Tübingen wieder und dokumentiert das wesentliche Urteil des BAG vom 20.11.2012.
Bd. 1, 2013, 128 S., 19,90 €, br., ISBN 978-3-643-12027-4

LIT Verlag Berlin – Münster – Wien – Zürich – London
Auslieferung Deutschland / Österreich / Schweiz: siehe Impressumsseite